Richesse 101 pour femmes entrepreneures.

Natalie Grignon

Dédicace

À mes enfants ; être mère m'a donné l'envie d'être une bonne personne pour moi-même, pour vous et pour ma communauté.

À vous tous que j'ai rencontrés,

Que vous fassiez actuellement partie de ma vie ou que vous ayez été dans le passé ; vous avez contribué à façonner ma vie. « *Tout ce que nous avons profondément aimé est devenu une partie de nous.* »

Je suis bénie et reconnaissante.

ISBN : 978-1-9994684-8-4

Bien que l'auteur ait fait tout son possible pour s'assurer que les informations contenues dans ce livre étaient correctes au moment de l'impression, l'auteur décline toute responsabilité envers toute partie pour toute perte, dommage ou perturbation causée par des erreurs ou des omissions, que ces erreurs ou omissions résultent de négligence, d'accident ou de toute autre cause. Les informations de ce livre sont destinées à compléter, et non à remplacer, les conseils donnés par votre conseiller.

L'auteur a choisi d'utiliser la forme masculine pour simplifier le processus de traduction.

Conception de la couverture du livre par l'auteur.
Photographie de l'auteur par : Chantale Arsenault.

Autres livres de cet auteur

Wealth 101 for teenagers
Imprimé : ISBN: 978-1-9994684-0-8
Ebook : ISBN : 978-1-9994684-1-5

Richesse 101 pour ados :
Imprimé : ISBN: 978-1-9994684-2-2
Ebook: ISBN: 978-1-9994684-3-9

Wealth 101 for women enterpreneurs :
Imprimé : ISBN : 978-1-9994684-6-0

entrepreneur

• Nom

• Une personne qui organise et gère une ou plusieurs entreprises, prenant des risques financiers plus importants que la normale pour ce faire.

Femme entrepreneure

• Nom

• Une femme (qui a déjà beaucoup à faire, mais qui souhaite améliorer la vie de sa famille), qui organise et gère une ou plusieurs entreprises, prenant des risques financiers plus importants que la normale pour ce faire.

Contenu:

Construire de la richesse ne se résume pas à un paragraphe. À part gagner à la loterie ou réussir exceptionnellement avec une action, la plupart des personnes qui créent de la richesse le font lentement, au fil du temps. Dans ce livre, vous trouverez des éléments qui vous aideront à construire de la richesse, ainsi que des éléments qui l'entraveront.

Introduction

Connaître vos chiffres
1) Connaître vos chiffres.
2) Contrôler vos dépenses.

Vos informations financières et outils
3) Avoir la bonne équipe de conseillers.
4) Comprendre l'inflation et comment elle affecte votre richesse.
5) Comprendre la magie des intérêts composés.
6) Actions.
7) Fonds communs de placement.
8) Revenu fixe.
9) Comptes enregistrés.
10) REEE individuel versus un REEE de groupe.
11) Votre pension.

Votre vie familiale.
12) Protéger votre vie familiale.
13) Faire face à la réalité des dépenses.
14) Le dilemme de l'immobilier.
15) Communication sur l'argent.
16) Comprendre vos droits en cas de séparation.
17) La génération sandwich.

Augmenter vos revenus.
18) Comprendre le marketing de réseau (MLM) .
19) Construire lentement.
20) S'engager à un seul.

Méfiez-vous des arnaques
21) Arnaque courante dans le coaching.
22) Gonfler et jeter.
23) Plateformes d'enseignement en ligne
24) Prêts personnels.
25) Rendements élevés.
26) Immobilier.
27) L'arnaque du grand-parent.

Le pouvoir de l'énergie féminine et de la créativité.
28) Le pouvoir de l'énergie féminine.

Comment construire et conserver la richesse
29)Allocation d'actifs.
30) Le nombre magique 4.

Introduction

J'avais 21 ans lorsque j'ai possédé ma première entreprise.

J'ai beaucoup appris de cette expérience.

J'avais un café et j'essayais de tomber enceinte en même temps. (Je n'ai jamais vraiment avoué cela à mon associé. Comment peut-on démarrer une entreprise et essayer de tomber enceinte en même temps ? – c'est la réaction de n'importe qui). Je l'admets, ce n'était pas l'idéal. Mais j'avais 4 ans lorsque j'ai décidé que je pouvais tout avoir. L'amour, une carrière, des enfants, et une maison. Tout.

Nous pouvons tout avoir, mais on ne peut pas avoir des enfants et une carrière florissante (ou une entreprise) à moins d'avoir une garderie ou une nourrice.

C'est la lutte de nombreuses mères que je rencontre. Nous voulons avoir des enfants, et nous sommes véritablement amoureuses de la maternité. Nous voulons aussi une carrière, nous sentir épanouies. Se sentir utiles pour nos compétences autres que changer une couche ou gagner une dispute avec un enfant de 2 ans.

J'étais déterminée, mais je me sentais mal à propos de mes ambitions. Lorsqu'on prend du temps loin de nos enfants, on se sent comme une mauvaise mère. Quand on est à la maison un dimanche matin à regarder les Teletubbies ou Barney (oui, c'est à cet âge que je suis), on se sent inadéquate de ne pas avoir profité de ce moment pour finir des tâches au travail. Cette lutte est bien réelle pour beaucoup de femmes.

La société nous a dit que nous pouvions tout avoir. Être une mère formidable qui prépare des repas parfaits et fait cinq douzaines de biscuits pour les fêtes. Faire des présentations impressionnantes et conclure des affaires plus vite que vos collègues masculins...

Je voulais tout. Mais quelque chose devait céder. Pour moi, pendant de nombreuses années, c'étaient la lessive et les chaussures à l'entrée. (Comment se fait-il qu'on dirait qu'on est 20 personnes à vivre dans cette maison ?) Le mari qui se fâchait chaque fois qu'il aidait à nettoyer la salle de bain ou la vaisselle. Le commentaire : « *Je t'aide avec les enfants* » était souvent dit. C'était un étrange commentaire pour un père, pensais-je. Ce sont aussi **tes** enfants. Tu t'occupes simplement d'eux (pas de "m'aider à m'occuper d'eux". Parce que je suis mère, je suis censée m'occuper de 100% de leurs besoins ?). Un petit aperçu d'un mariage qui ne durerait pas. Mais à ce moment-là, je n'ai jamais répondu à ce commentaire stupide. Trop de choses à faire, pas le temps de commencer une dispute...

En plus de tout cela, nous, les femmes, nous nous jugeons les unes les autres. C'est si facile de juger.

La maman au foyer, ou la mère célibataire qui touche l'aide sociale et essaie de remettre sa vie en ordre après une relation abusive.

Je viens d'une de ces familles, une enfance difficile où l'école n'était pas une échappatoire. Mes journées étaient remplies de harcèlement et de peur. C'est douloureux d'être jugée pour être pauvre ou venir d'une famille brisée. Je vis maintenant ma vie aussi libre de jugements que possible.

Mon passé a façonné la personne que je suis aujourd'hui, et j'en suis reconnaissante. Mon expérience en tant que propriétaire de café et ma carrière de conseillère en investissement m'ont beaucoup appris sur la création de richesse et l'entrepreneuriat.

Donc, ce livre est pour toutes les femmes qui essaient d'améliorer leur vie en lançant une entreprise. N'importe quelle entreprise, de n'importe quelle taille.

Construire de la richesse.

Lentement mais sûrement.

Vous devez connaître vos chiffres.

Chapitre un.
Connaître vos chiffres.

On nous pose souvent des questions sur quel action est la prochaine grande opportunité. Devrais-je investir dans ceci, dans cela…

Je veux investir dans quelque chose qui me rendra super riche, mais vous savez, sans le risque de perdre mon argent. Demandez à toute personne travaillant dans le secteur des services financiers, nous entendons souvent cela.
La vérité, c'est que pour construire une véritable richesse, il vous faut de la discipline, du temps et beaucoup de bon sens.

Peu importe si vous avez déjà beaucoup d'argent ou si vous débutez, je commencerai toujours ma relation avec vous en parlant des bases, c'est-à-dire connaître vos chiffres.
Comment pouvez-vous élaborer un plan financier et faire croître votre patrimoine net, si vous ne savez pas où vous en êtes actuellement ?

Je vais vous demander des informations personnelles, comme votre salaire, vos dettes. Cela peut sembler une véritable invasion de la vie privée, mais pour nous, qui faisons cela depuis longtemps, ce ne sont que des chiffres. Vous pourriez avoir 2 000 $ de dettes ou 2 millions. Ce ne sont que des chiffres à entrer dans un logiciel de planification financière. Aucun jugement. C'est des mathématiques, de la logique, des intérêts composés.
Tout conseiller vous posera ces questions, non seulement parce que c'est nécessaire, mais aussi parce que c'est une exigence de nos organismes de régulation. Nous sommes régis par la règle du « connaître son client ». Mais avant de vous poser ces questions, nous avons discuté, nous nous sommes rencontrés plusieurs fois. Si nous sommes assis ensemble à cette réunion, c'est parce que vous souhaitez travailler avec moi.

Voici les chiffres que vous devriez connaître :

• Combien vous gagnez, de toutes les sources.

• Budget mensuel

• Liste des actifs (type d'actif, valeur, où il est détenu)

• Liste des dettes (montant, type de dette)

• Informations sur votre plan de groupe au travail

• Informations sur vos produits d'assurance individuels

• Combien d'espace vous avez dans votre REER/CELI (cela se trouve sur le site Web de l'ARC)

• Avez-vous ouvert un CELIAPP en 2023 ? (Ou prévoyez-vous d'en ouvrir un ?)

• Avez-vous reçu un héritage, ou pensez-vous en recevoir un ?

Combien d'argent vous gagnez, de toutes les sources.

Cela peut sembler évident, et une question un peu bête à poser. Savez-vous vraiment combien d'argent vous gagnez chaque mois ?

Pour certains, c'est facile, il suffit de regarder les derniers bulletins de salaire.

Pour d'autres, qui sont entrepreneurs, leurs revenus varient chaque mois et chaque année. Prenons les trois dernières années, par exemple. Vos revenus ont-ils augmenté ou diminué de manière significative ? Devons-nous prendre la moyenne des six derniers mois ?

Avez-vous plusieurs sources de revenus ?
Avez-vous un parent qui vous envoie de l'argent de temps en temps ?
Je ne vais même pas demander si vous avez un "sugar-daddy" (ou une "sugar-mommy").

Vous ne prenez peut-être même pas en compte certaines sources de revenus dans vos calculs. Par exemple, vous avez un livre publié et vous gagnez peut-être 3000 $ par an avec, mais comme c'est une petite somme, vous ne le calculez pas.

Qu'en est-il des crédits d'impôt ou des prestations ? Recevez-vous la Prestation fiscale canadienne pour enfants, le crédit de la TPS, le crédit d'impôt pour personnes handicapées ou des crédits provinciaux ? (Comme je suis au Canada, je mentionne ces crédits. Assurez-vous de connaître tous les crédits d'impôt ou prestations disponibles dans votre région).

Pourquoi est-il important de tout lister ?

Une fois que vous avez établi votre budget et écrit toutes les dépenses annuelles, vous pourriez constater un déficit sur le papier, ce qui n'est pas la réalité.

Une fois, j'ai dit à une cliente :
"Il semble que vous ayez un manque d'environ 500 $ par mois."

Sa réponse : "Non, mon ex-petit ami, qui n'est pas le père biologique des enfants, mais qui a fait partie de nos vies pendant 8 ans, me donne environ 300 $ à 600 $ par mois. Il sait que je dépense cette somme pour les enfants." (Ce n'est pas l'information réelle, pour préserver l'anonymat de la personne avec qui je parlais). Étant donné que l'argent n'est pas garanti et varie chaque mois, elle ne l'a pas inclus dans son budget. Ce n'est pas sa réalité. Et si elle cesse de recevoir cette somme de sa part, elle serait clairement sous chaque mois.

Pour la plupart des gens, tout n'est pas calculé au cent près. MAIS vous devriez faire cet exercice au moins une fois par an.

Budget mensuel.

Cela peut être accablant pour quelqu'un qui commence, surtout si vous n'êtes pas organisé. Cela peut aussi être accablant pour quelqu'un qui a été dans une relation à long terme et qui n'était pas celui qui contrôlait les finances. Il n'est jamais trop tard. Rappelez-vous que les hommes meurent en moyenne huit ans avant les femmes, alors n'attendons pas que le mari décède avant de regarder les chiffres. (Je reçois souvent le "pfffft, c'est mon mari qui s'en occupe"). Si vous parlez d'un changement d'huile, c'est super, mais des finances ? Moins. Changeons cela.

Je parie que le terme "budget mensuel" a fait écho chez certains d'entre vous.

Voici la règle que je suis. C'est un réveil. Elle confirme que nous DEVONS garder nos dépenses bien plus basses que ce que nous pensons.

La règle est la règle des 50-30-20. Si vous suivez cela, surtout à un âge plus jeune, le succès financier sera beaucoup plus facile à atteindre.

La règle des 50-30-20

Cette règle de budget a été créée par Elizabeth Warren, une sénatrice américaine.

Elle représente :

50 % de votre revenu net pour les BESOINS. Je calcule toujours le revenu net ; il n'a pas de sens de tenter d'utiliser le brut. (Et cela reviendrait au même, car c'est un ratio qui équivaut à 100 %)

Besoins : 50%

Hypothèque ou loyer.

Électricité

Courses

Transport (paiement de voiture ou abonnement de bus)

Essence

Assurance

Désirs : 30%

30 % semble beaucoup pour les désirs, car on nous dit de les réduire autant que possible. En réalité, beaucoup de nos dépenses tombent sous cette catégorie : shopping, WIFI, téléphone portable, câble, loisirs, restaurants, anniversaires, dépenses liées aux fêtes, garderie, passe-temps, voyages.

Pour certains, ils ajoutent l'essence dans cette section, disant qu'ils dépensent principalement pour des sorties non liées au travail comme les courses, etc.

Vous pouvez aussi mettre certaines dépenses ici, comme l'électricité, si vous préférez. Quoi qu'il en soit, ces deux catégories ensemble représentent 80 %.

Économies et dettes : 20%

Je sais que la règle générale était de 10 % d'économies. Mais soyons honnêtes. Si vous êtes dans la fin de la quarantaine et que vous n'avez pas d'économies, vos économies devraient même être à 25 % ou plus.

À vingt pour cent d'économies, cela vous garde vigilant par rapport à vos dépenses.

Regardons quelques chiffres :

Voici un exemple assez réaliste :

Revenu mensuel total		3 200,00 $
50 % besoins		
Loyer	1 000,00 $	
Electricité	120,00 $	
Paiement de voiture	- $	
Passe d'autobus	110,00 $	
Assurance habitation	70,00 $	
Assurance automobile	50,00 $	
Épiceries	400,00 $	
Total besoins:	1 750,00 $	
Pourcentage des besoins totaux		55%
30% désirs		
Wifi, câble, téléphone portable	300,00 $	
Restaurants et loisirs, essence	200,00 $	
Voyages (économies pour les voyages)	200,00 $	
Autres assurances	300,00 $	
Soins médicaux	100,00 $	
total désirs	1 100,00 $	
Pourcentage des désirs totales		34%
Économies		
Économiser le reste	350,00 $	
Pourcentage des économies totales		11%

Dressez une liste ici de vos BESOINS :

Loyer ou hypothèque :

Taxes (si non incluses dans le paiement de l'hypothèque) :

Électricité

Assurance habitation et automobile

Paiement de voiture

Essence

Épiceries

Dressez une liste ici de vos DESIRS :

Téléphone portable

Câble

WIFI

Shopping

Loisirs

Garderie ou vie sociale des adolescents

Passe-temps

Voyages

Restaurants et cafés

Anniversaires et fêtes

Réparations de voiture

Réparations à la maison

Soins médicaux et dentaires

Honoraires comptables ou autres frais professionnels

Choses annuelles comme l'adhésion à Costco et le déneigement

Dressez une liste ici de vos plans d'ÉCONOMIES et de dettes :

Dans le monde idéal, mettez-vous de l'argent dans :

- Rembourser des dettes
- Constituer un fonds d'urgence
- REEE (Régime enregistré d'épargne-études)
- CELIAPP (Compte d'épargne pour la première maison)
- REER (Régime enregistré d'épargne-retraite)
- CELI (Compte d'épargne libre d'impôt)
- Compte non enregistré (c'est un compte entièrement imposable)
- crypto (pas nécessairement une recommandation)

Pour beaucoup de personnes, une fois que nous avons passé en revue le budget et que les vrais chiffres apparaissent, elles réalisent qu'elles dépensent trop. J'aimerais pouvoir vous dire simplement d'arrêter de dépenser. Arrêtez de ressentir le besoin de posséder une maison, ou une maison plus luxueuse, pour avoir l'air riche et réussi.

Arrêtez tout simplement de dépenser !

Liste des actifs.

Voici une bonne liste à passer en revue chaque année, et elle est nécessaire pour calculer votre valeur nette. Idéalement, votre valeur nette devrait augmenter chaque année.

Votre valeur nette est :

Actifs
Moins
Passifs

Dressez une liste de vos actifs[1] :
• leur valeur marchande [2].
• leur Prix de Base Rajusté, PBR[3].
• où ils sont détenus.

[1] Un actif est quelque chose qui a de la valeur, que nous pouvons vendre. Cela va d'un grille-pain, un ordinateur, une voiture, une maison, des actions, des investissements, des Air Miles, des bateaux, de l'immobilier, à la valeur en espèces d'une police d'assurance-vie. Nous n'écrivons pas nécessairement toutes les choses que nous possédons (par exemple : un grille-pain, une machine à café, etc.). Mais si vous devez séparer les éléments, vous devrez peut-être tout inscrire.

[2] : La valeur marchande est ce qu'une personne est prête à payer. Pour l'immobilier, vous demanderez à votre agent. Pour la valeur marchande de vos investissements, vous consulterez votre relevé de compte mensuel. Pour des objets comme un bateau ou une voiture, il existe un « livre noir », si je ne me trompe pas.

[3] : PBR : Prix de Base Rajusté (PBR) est simplement le prix que vous avez payé pour l'actif, mais pas à 100 % exactement. Le prix que vous avez payé, plus les commissions (comme pour une action) ou le prix payé, plus les frais juridiques, frais de notaire et commissions (comme pour un bien immobilier d'investissement). Pour les investissements dans un CELI, par exemple, nous ne prêtons pas trop attention au PBR une fois que nous vendons, car il n'y a ni gain ni perte dans un CELI. Cependant, dans un compte non enregistré, les transactions prennent toujours en compte le PBR. (Une fois, j'ai eu un client dont le PBR était de 10 000 $, et la valeur marchande était de 100 000 $, soit un gain de 90 000 $ à déclarer s'il avait vendu). Il y a encore beaucoup à découvrir sur les PBR, que vous pouvez trouver sur le site Web de l'Agence du revenu du Canada.

Exemple de liste d'actifs :

Type d'actif	Propriétaire	Valeur Marchande	PBR	Où il est détenu
Maison	Les deux	500 000,00 $		
Chalet	moi	300 000,00 $	50 000,00 $	
Compte non-enregistré	moi	50 000,00 $	30 000,00 $	Sunlife
REER	moi	50 000,00 $		CIBC Wood Gundy
CELI	moi	50 000,00 $		RBC

Tout ce qui est taxable lors de la vente, comme les investissements immobiliers ou les investissements dans un compte non enregistré, doit être suivi du PBR.

Pour les comptes enregistrés comme le CELI, votre relevé de compte indiquera votre PBR, ce qui est utile à savoir. Cependant, vous ne tenez pas compte du PBR lors du calcul de votre valeur nette, car il s'agit d'un compte exonéré d'impôts.

Certaines personnes ajoutent beaucoup plus d'éléments dans leur liste d'actifs.
Vous pouvez même faire une distinction entre les actifs liquides, comme vos investissements, et ceux moins liquides, comme l'art.

Vous pouvez ajouter votre voiture (et inclure le solde total restant sur le côté de votre dette).

En cas de séparation, vous ajouterez également :

• Meubles et appareils électroménagers
• Ustensiles de cuisine, y compris la vaisselle
• Appareils électroménagers de cuisine, y compris les machines à café, le presse-panini et votre mixeur préféré
• Ustensiles et appareils de pâtisserie
• Cabinet à d'alcool, y compris les seaux à glace en cristal et la machine à cocktails Bartesian
• Ordinateurs, caméras, équipements de diffusion vidéo
• Consoles de jeux vidéo et chaises de jeu
• Systèmes de stéréo et de home cinéma
• Œuvres d'art, collections de timbres, cartes de hockey, figurines
• Miles Aériens (Air Miles) ou tout autre type de points accumulés
• Partages de temps (Time Shares) , propriétés de vacances, clubs de vacances
• Valeur de rachat des polices d'assurance-vie
• Outils
• Équipements sportifs, de pêche, de chasse et de camping
• Fournitures de fêtes, y compris la machine à fumée à glace carbonique
• Fournitures pour loisirs créatifs, armoire à fournitures, machine Cricut
• Livres
• Équipements de salle de sport
• Sacs coûteux, comme Chanel et Louis Vuitton
•Bijoux

Comme vous pouvez le voir, la liste des actifs sera différente en fonction de la raison. Si c'est à des fins de financement, votre banquier ne se souciera pas de tout cela. Si c'est parce que vous vous dirigez vers une séparation, il est important de garder une liste. Sachez que la valeur marchande de la plupart des articles ménagers sera le prix "de vente de garage". Par exemple, votre canapé que vous avez payé 2000 $, aura maintenant une valeur marchande de 400 $, si ce n'est pas moins.

Dans le tableau ci-dessus, la colonne "Où il est détenu" est utile pour :

- Si vous possédez plusieurs propriétés immobilières, vous écrivez l'adresse.
- Si vous avez un REER de groupe, vous voudrez vous souvenir où il se trouve.
- En cas d'incapacité ou de décès, votre liquidateur devrait savoir où se trouvent vos biens.
- Je ne recommande jamais d'avoir des comptes dans de nombreuses institutions, mais c'est malheureusement la réalité. Les gens poursuivent des promotions à court terme "Ouvrez un compte ici et vous obtiendrez 5% pendant 6 mois". Si vous êtes ce genre de personne, vous devez vous créer une feuille Excel.
- Pour les couples où une personne contrôle les finances, cela permet à l'autre conjoint d'avoir les informations de base.

Liste des dettes.

Cela, et établir un budget, est la partie difficile pour la plupart des gens. (Je peux vous dire que construire de la richesse repose UNIQUEMENT sur les investissements, mais ce n'est pas la vérité.)

Beaucoup de gens ne nous disent pas la vérité quand nous leur demandons quel est leur niveau d'endettement. Il n'y a absolument aucune raison de mentir. Nous établissons un plan financier/ de retraite/ successoral en fonction des chiffres que vous nous donnez. Si l'information est erronée, le plan sera erroné.

Une fois, un client m'a appelé et m'a demandé de garder l'information secrète vis-à-vis de son mari. Elle avait une carte de crédit secrète avec un solde de 5000 $. Il y a des choses que vous pouvez garder secrètes un moment. Mais et si vous deux voulez refinancer votre maison ou acheter un autre bien immobilier ? La vérité finira par ressortir si vous cachez des dettes à votre conjoint.

Une fois que vous êtes prêt à rédiger votre liste de dettes, vous aurez besoin des relevés, car vous avez besoin de ces informations :
• Solde de crédit utilisé.
• Limite de crédit totale.
• Taux d'intérêt sur les achats.
• Taux d'intérêt sur les avances de fonds (ce que vous ne devriez pas faire).
• Paiement minimum mensuel.
• Si c'est une marge de crédit, s'agit-il d'une marge de crédit hypothécaire ou personnelle ?
• Si la dette est conjointe.

Voici à quoi pourrait ressembler votre feuille Excel :

Type de crédit	Numéro de compte ou carte	Quelle Banque	Privilège sur un bien	Intérêt Sur achat	Intérêt sur avances de fonds	Solde	Montant de crédit total	Paiement mensuel minimum
Visa	5258****	TD	no	12%	20%	500$	10,000$	10$
Ligne de credit	525***	TD	Oui, maison	8%	8%	200$	200,000$	40$
Hypothèque	612345	RBC	Oui, maison	5%		200,000$		876$
Ligne de crédit	4321	BMO	no	12%		5,000$	50,000$	200$
Prêt voiture	9321654	CIBC	Oui, voiture	9%			35,000$	500$

En rassemblant toutes ces informations, y compris le taux d'intérêt de vos cartes de crédit, cela vous permettra d'élaborer un plan.

Par exemple, avez-vous une carte avec un taux d'intérêt plus élevé ? Si oui :
• Vous pourriez contacter l'institution financière et essayer de négocier un taux plus bas. (Parfois, négocier un taux plus bas signifie changer de carte et éliminer les points de voyage, ou d'autres avantages. Mais vous devez vous demander si ces avantages en valent la peine.)
• Si un compte de crédit ou une carte a un taux d'intérêt beaucoup plus bas et une grande marge, vous pourriez y transférer un petit solde d'un compte avec un taux d'intérêt plus élevé.
• Mais, soyez toujours vigilant car votre score de crédit est affecté si vos cartes de crédit sont utilisées à plus de 40-50%. Il vaut mieux avoir 2 cartes avec un solde plus petit que d'avoir une seule carte presque pleine.

Calcul de la valeur nette.

Donc, calculer votre valeur nette est facile si vous avez listé tous vos actifs et crédits utilisés (passifs). Pour les passifs, ne mettez pas le paiement mensuel ou le paiement minimum, mais le montant total restant.

Valeur nette = Actifs – Passifs

Type d'actifs	Valeur Marchande	PBR	Où il est détenu
Maison	500,000$		
Chalet	300,000$	50,000$	
Compte non-enregistré	50,000$	30,000$	Sunlife
REER	50,000$		RBC
CELI	50,000$		TD
Voiture	15,000$		
Total actifs	965,000$		

Dettes	Montant total dû		
Hypothèque Maison	220,000$		RBC
Hypothèque chalet	50,000$		TD
Voiture	8,000$		CIBC
Visa	2,000$		RBC
Ortho	6,000$		
Ligne de crédt	12,000$		TD
Total	298,000$		

Valeur nette	667,000$		

Calculer la valeur nette est simple, mais j'ai souvent des questions similaires de la part de mes clients.

• La maison est détenue en commun avec mon conjoint, dois-je entrer la pleine valeur marchande ou la moitié ?

    o Vous devez entrer la moitié, et la moitié de l'hypothèque dans la section des passifs.

• Question de suivi : Oui, mais si mon conjoint décède, la maison m'appartiendra à 100 %.

    o Non, pas nécessairement. Marié ? Union de fait ? Y a-t-il des testaments ? Cela nécessite une toute autre discussion. (Voir plus loin dans ce livre)

• Pour nos propriétés locatives, devons-nous simplement calculer la valeur marchande moins le passif ? Parce que si nous vendons maintenant, le montant ne représente pas ce que nous aurons dans nos poches.

    o Pour calculer la valeur nette, oui, c'est la valeur marchande moins le passif. Dans le cas d'une séparation, par exemple, il faut prendre en compte quelques autres éléments, comme la commission de l'agent, la pénalité hypothécaire, la récupération du capital et les gains/pertes.

• J'ai des cryptomonnaies qui ont perdu beaucoup de valeur depuis que j'ai investi. Je suis assez sûr que cela va remonter. Dois-je indiquer la valeur actuelle ou puis-je mettre la valeur du mois dernier ?

    o Vous indiquez la valeur marchande qui reflète la réalité. Même si vous pensez que la cryptomonnaie va remonter, cela pourrait ne pas être le cas. Pour certains actifs, comme les produits d'assurance vie, vous ne recevrez qu'un état annuel, donc vous indiquez le dernier chiffre que vous avez reçu.

Informations sur votre régime collectif au travail.

C'est un livre sur les femmes entrepreneures, pourquoi parler des régimes collectifs ?

C'est un mythe que les entrepreneures n'ont pas accès aux régimes collectifs.

Beaucoup d'entrepreneures que je connais ont un emploi avec des avantages, ont un conjoint avec des avantages, ou ont souscrit à un plan privé.

Lorsque quelqu'un me demande s'il doit souscrire à une assurance vie, ou à une assurance invalidité ou maladie grave, ma première réponse sera toujours "*ça dépend*".

Ça dépend, parce que :

• Je ne suis pas une conseillère qui va pousser une police d'assurance pour toucher une commission. Je n'ai jamais fait cela, et je ne le ferai jamais. Et cela se voit quand cela arrive, car le client se retrouve avec une pile de produits qui ne lui conviennent pas.

• Je leur demanderai s'ils ont les bases : un testament, un mandat, des polices individuelles, des polices conjointes ?

• Avez-vous un régime collectif avec une couverture d'assurance ? Si oui, avez-vous souscrit à une couverture optionnelle ?

 • Avez-vous une couverture sur des produits de crédit ? (Vous pouvez souscrire à une "assurance" sur des produits bancaires comme les hypothèques et les cartes de crédit)

Régimes collectifs:

Points importants à noter :

• Il n'existe pas d'entreprise qui propose des "meilleurs" régimes collectifs. (C'est discutable, mais ce n'est pas mon point.) Par exemple, Sunlife. Un représentant de Sunlife rencontrera les ressources humaines de votre entreprise. Ensemble, ils établiront un plan qu'ils estiment que les employés apprécieront et que l'employeur pourra financer. Si vous avez un ami dont le plan est meilleur que le vôtre, ce n'est pas parce que la compagnie d'assurance est meilleure qu'une autre, c'est le plan choisi qui est meilleur. L'employeur doit être en mesure, ou disposé, à financer les meilleurs régimes.

• Il existe un plan général pour tous, et il peut y avoir des choix à faire. Vous devrez peut-être faire un choix entre les options dentaires et médicales, et si vous souhaitez une couverture supplémentaire. Ces choix semblent être difficiles à prendre pour certaines personnes. Si vous choisissez le plan dentaire de base, mais que vous avez besoin de quelque chose qui n'est pas couvert, aurez-vous l'argent pour le payer ? (Exemple : couronnes ou traitements de canal ?)

• Les produits d'assurance, d'assurance maladie grave et d'invalidité dans les régimes collectifs ne sont pas des produits garantis. Cela signifie que si vous tombez malade, vous pourriez ne pas être payé. Si vous avez une invalidité, votre demande pourrait être rejetée. Ces produits examinent votre dossier médical *APRÈS* que vous avez soumis une demande. Alors que lorsque vous achetez une couverture individuelle, ils examinent votre dossier médical *AVANT* de décider de vous couvrir ou non. (Plus d'informations sur l'assurance plus loin dans ce livre.)

• Ne cancellez aucune couverture supplémentaire avant d'en parler à votre conseiller.

• Réfléchissez à deux fois avant de prendre l'une de ces options, y compris l'assurance vie supplémentaire. Ces couvertures pourraient être bien plus chères que si vous aviez un plan individuel.

- Votre conjoint(e) peut être couvert(e) pour les dépenses dentaires ou médicales, mais il/elle n'est probablement PAS couvert(e) en cas de maladie, comme le cancer. Cela signifie que si votre conjoint(e) tombe malade, vous ne pouvez pas prendre 6 mois de congé pour vous occuper de lui/elle. Certains régimes collectifs ont une « clause de compassion », qui permet de prendre du temps libre si votre conjoint(e) ou l'un de vos enfants tombe malade. Mais beaucoup de gens n'ont pas cette clause. D'où la nécessité pour chaque personne d'avoir une couverture individuelle réelle.

Si nous discutons de vos finances, je vous demanderai si vous avez un régime collectif, et voici les questions que je poserai :
- Quelle est votre couverture pour l'assurance vie, l'invalidité et les maladies graves ?
- Pour l'assurance vie, avez-vous un montant égal à votre salaire annuel ? Et avez-vous acheté une couverture supplémentaire ? (Ce n'est pas une recommandation, juste une question)
- Pour l'invalidité, avez-vous une couverture à court terme ? Long terme? Quels sont les pourcentages ? Exemple : 100 % de votre salaire? 50 % ?
- Quelle est la période de couverture ? Exemple, avez-vous un maximum de 2 ans d'invalidité, ou jusqu'à 65 ans?
- Pour les maladies graves, quels sont les détails ? Recevez-vous un montant forfaitaire ?
- S'agit-il d'un avantage imposable ?

- Avez-vous la couverture de soins compatissants pour votre conjoint(e) ?
- Quelles sont les autres options que vous avez choisies ?
- Quel est votre prime mensuelle ? Does your medical and dental coverage cover you for all your needs? Or do you have to pay out of pocket for glasses and orthodontist?
- Si vous avez choisi la « meilleure option », couvrira-t-elle tous vos besoins ? Avez-vous comparé la prime plus élevée du meilleur plan et est-ce que cela en vaut la peine ?
  o Par exemple, payer 50 $ de plus par mois, mais vous ne allez chez le dentiste qu'une fois par an, ce qui coûte 150 $.
  o Ou payer 50 $ de plus par mois pour pouvoir voir un masseur, mais vous n'y allez que trois fois par an parce que vous ne prenez pas le temps ?

• D'accord, je ne vais peut-être pas vous poser toutes ces questions, car vous ne savez probablement pas. Je vous demanderai cependant une copie de votre livret. Et je vous poserai ces questions, surtout si vous voulez revoir votre couverture.

Dressez une liste ici de vos questions sur le plan privé ou le collectif.

Étapes à suivre maintenant:

1. Si vous avez un collectif ou un plan privé.
- Téléchargez les informations de votre plan.
- Examinez-les et notez votre couverture.
  - Assurance vie, quel montant ?
  - Avez-vous une assurance invalidité de courte durée ?
  - Si oui, est-ce 100 % de votre salaire pendant 3 mois ?
  - Avez-vous une assurance invalidité de longue durée ?
  - Si oui :
    - Quelle est la période totale de couverture ? 2 ans, jusqu'à 65 ans ? Cela signifierait que, si vous aviez une invalidité à long terme, vous seriez couvert pendant seulement 2 ans ?
    - Quel est le pourcentage ? 67 % ?
    - Quel est le maximum mensuel ? C'est important, car le maximum mensuel pourrait être bien inférieur à votre salaire. Les personnes gagnant 65 000 $ ou plus par an devraient prêter attention à cela

> Couvre-t-il votre « propre profession » ou couvre-t-il « n'importe quelle » profession ? Autrement dit, si vous êtes chirurgien mais perdez la mobilité de vos mains, la couverture de votre « propre profession » vous paierait. « N'importe quelle profession » signifierait que l'assureur ne paierait pas, car vous seriez capable d'enseigner."

o Quelle est exactement votre couverture dentaire ?
o Quelle est exactement votre couverture médicale ?

• Ne cancellez AUCUNE couverture supplémentaire avant de parler avec votre conseiller.

2. Si vous n'avez PAS de plan:

• Une fois que vous avez examiné votre budget, décidez combien d'argent vous pouvez consacrer aux primes mensuelles pour les couvertures d'assurance (vie, invalidité, Maladies Graves ou même accident). L'assurance accident vous couvre pour des accidents bêtes comme tomber sur la glace et vous casser une hanche, mais elle ne vous couvre pas en cas de cancer ou de dépression.
• Prenez un rendez-vous avec votre conseiller ou contactez un conseiller de confiance pour poser des questions.
• Ne vous laissez pas précipiter dans l'achat d'une protection, assurez-vous de bien comprendre ce que vous achetez et que la prime mensuelle est abordable.

Informations sur vos autres produits d'assurance.

Ce dont je parle ici ce sont des produits d'assurance associés aux cartes de crédit, aux hypothèques, aux prêts automobiles, aux prêts personnels et aux lignes de crédit.

Nous avons tous été sollicités pour ajouter une protection d'assurance sur nos cartes de crédit ou autres produits de crédit, pour « *aussi peu que x\$ pour chaque 1000\$ de dette* ». Cela semble être une petite somme, mais cela peut s'accumuler. (d'où l'importance de connaître vos chiffres)

Voici les détails de ces produits (vie, maladie grave et/ou invalidité)

- Vous payez ce qui semble être une petite somme par millier de crédit que vous avez.
- La banque, ou le créancier, est payé si quelque chose vous arrive.
  - Par exemple, le paiement mensuel de votre hypothèque serait payé si vous deveniez invalide.
  - Ou votre hypothèque serait complètement remboursée si vous veniez à décéder.
- Ce ne sont jamais des produits garantis, ce qui signifie que vous pourriez avoir une invalidité, mais votre réclamation pourrait être refusée. (Il existe de nombreuses rumeurs selon lesquelles certains agents de réclamation reçoivent des primes lorsqu'ils rejettent le plus grand nombre de demandes.)
- Pourquoi ne sont-ils pas garantis ? Les produits sont ajoutés à votre compte en quelques secondes, et sans questions médicales. Tout le monde a la même « couverture », quel que soit son état de santé ou son historique.

- Le créancier est payé, mais rien n'est donné à vos bénéficiaires.
- Souvent, ces produits sont plus chers que si vous aviez une couverture individuelle. (Cela dépend de votre âge et de votre état de santé.)

Que faire si vous pensez avoir ces couvertures ?

Tout d'abord, sortez vos relevés de compte et tout contrat de crédit. Vérifiez s'il y a des montants qui semblent être ajoutés au paiement mensuel.
• Contrat de prêt automobile
• Carte de crédit
• Ligne de crédit personnelle
• Ligne de crédit hypothécaire
• Hypothèque

Ensuite, dressez une liste : (ou contactez l'institution financière pour obtenir plus d'informations)
• Quel type de protection est-ce ? Est-ce une assurance vie, une assurance maladie grave ou une assurance invalidité ?

 o Si c'est une assurance vie, c'est facile à comprendre. La compagnie reçoit le montant total que vous devez au montant de votre décès.

 o Si c'est une assurance maladie grave ou invalidité, normalement votre paiement mensuel est payé pour vous. (si votre réclamation est acceptée). VOUS ne recevez pas d'argent, c'est votre créancier qui est payé.

• Combien cela coûte-t-il par mois ?

Puis : ne cancellez rien. L'idéal serait d'éliminer tous les montants ajoutés à vos paiements mensuels de crédit et d'obtenir une véritable couverture individuelle. Mais vous devez d'abord obtenir la couverture individuelle, ce qui pourrait prendre des mois, AVANT de tout annuler.

Après cela: parlez à un conseiller de confiance. Montrez-lui la liste des couvertures que vous payez chaque mois.

Enfin : une fois que vous avez mis en place des protections individuelles, vous pouvez contacter votre banque et annuler les couvertures. Et la prochaine fois que quelqu'un vous proposera une protection supplémentaire, dites non. Tout cet argent supplémentaire pourrait être investi à la place.

Informations sur vos produits d'assurance individuels.

Il existe différents types d'assurances à considérer. Ignorer l'importance de l'assurance, c'est ne pas faire face à la réalité de la possibilité réelle de tomber malade ou de décéder.

Vous avez une chance sur trois de devenir invalide avant l'âge de 65 ans. Pour ceux qui ont un problème de santé qui dure plus de 90 jours, sa gravité dure environ 2,3 ans. Par exemple, dans le cas du cancer.
Une invalidité engendre bien plus de problèmes financiers que si vous veniez à décéder.
Si votre budget vous permet peu d'assurance, parlez à un conseiller en qui vous avez confiance, expliquez-lui votre budget, et commencez simplement.

Ce chapitre concerne la connaissance de vos chiffres. En établissant votre budget, vous serez capable de déterminer combien d'argent vous pouvez mettre dans les économies, les investissements et l'assurance.

Parfois, nous avons de jeunes enfants, et tout est tellement cher, que nous avons peu d'argent pour des dépenses supplémentaires. Devriez-vous suspendre vos investissements pour permettre une couverture ? Peut-être.

En connaissant vraiment vos chiffres, vous serez en mesure de mettre en place des mesures pour le moment et d'avoir un plan pour l'avenir.

Une erreur que font les gens lorsqu'ils rencontrent des difficultés financières est de canceller leur assurance. Vous ne devriez pas faire cela. Vous pourriez être en mesure de réduire votre couverture, et donc votre prime, au lieu d'annuler complètement.

Types d'assurance :
• Assurance vie temporaire ou à terme
• Assurance vie permanente
• Assurance vie permanente avec participations
• Assurance vie universelle
• Assurance accident
• Assurance maladie grave
• Assurance invalidité
• Assurance pour animaux de compagnie

Certaines de ces assurances peuvent être combinées. Par exemple, une assurance permanente de 50 000 $ avec un avenant de 200 000 $ en assurance à terme de 10 ans. Un avenant est quelque chose qui est ajouté à une police, il ne peut pas exister seul.

Assurance vie temporaire ou à terme. C'est le type d'assurance le plus simple.

• Une assurance temporaire pour un besoin temporaire. Par exemple, vous avez de jeunes enfants, une hypothèque, des dettes et vous ne voyez pas encore de solution à l'horizon.

• C'est la couverture la plus avantageuse pour votre argent.

• Vous devez bien comprendre la couverture.

• Normalement, l'assurance à terme a une prime fixe pour les années que vous avez choisies. Par exemple, une assurance à terme de 10 ans aura des primes mensuelles qui restent les mêmes pendant les 10 premières années. Ensuite, elle ne se termine pas, mais le coût des primes mensuelles augmente après.

• La plupart des bonnes polices vous offriront une option de conversion.

 o Cela signifie que vous pouvez convertir en une assurance permanente pendant une période déterminée.

 o La conversion se fait sans preuve médicale. Ce qui est important, car votre état de santé peut avoir changé.

 o Parfois, vous êtes autorisé à convertir seulement une partie de la couverture en permanente tout en gardant aussi une partie temporaire.

 o Chaque contrat est différent, vous devez le lire attentivement.

Assurance vie permanente. Il s'agit d'une assurance vie que vous conserverez jusqu'à votre décès.

• Idéalement, les gens devraient en souscrire une de base lorsqu'ils sont jeunes.
• Plus vous attendez, plus cela devient difficile à financer.
• Nous suggérons souvent une police temporaire aux personnes ayant un budget très limité. Mais il vous appartient de faire les arrangements nécessaires pour pouvoir vous permettre cela. Je connais trop de gens qui optent pour un logement luxueux ou la maison La plus grande maison que leur argent puisse acheter, mais n'ont aucun produit d'assurance.
• Cette police est facile à comprendre. Vous payez la même prime mensuelle jusqu'à votre décès. Le paiement n'augmente jamais, le capital décès ne change jamais.
• Payez 20. Cette police signifie que vous payez pendant 20 ans mais êtes couvert jusqu'à votre décès. C'est une façon de payer votre police plus rapidement.

Assurance vie permanente avec participations.

• Cette police est la même que celle mentionnée ci-dessus, mais elle comporte un composant d'épargne.

• Le composant d'épargne génère une valeur de rachat au fil du temps.

• Vous pouvez emprunter contre la valeur de rachat.

• Vous pouvez annuler votre assurance vie et obtenir la valeur de rachat.

• Cependant, ne vous emballez pas trop, la valeur de rachat se construit lentement.

• Ce que vous voyez sur TikTok n'est pas exactement ce qui se passe au Canada.

• La valeur de rachat des polices est généralement incluse dans le patrimoine familial, dans un cas de divorce.

• Emprunter de l'argent contre cela a généralement un taux d'intérêt plus élevé que celui d'une marge de crédit.

• De nombreux agents la vendent avec des phrases accrocheuses comme "vous pourriez emprunter pour faire un acompte en argent pour une maison pour vos enfants". Pour la plupart des gens, la valeur de rachat ne devient jamais suffisamment élevée pour constituer un acompte pour une maison.

• Payez 20. Cette police signifie que vous payez pendant 20 ans mais êtes couvert jusqu'à votre décès. C'est une façon de payer votre police plus rapidement.

Assurance vie universelle.

Presque identique à l'assurance mentionnée ci-dessus.

• Elle comporte une partie d'investissement.

• Un calcul est nécessaire, et vous recevrez un relevé annuel vous indiquant combien vous pouvez encore verser dans votre police. Exemple : Prime mensuelle pour maintenir votre assurance : 100 $. Prime mensuelle maximale : 400 $. (Ce qui signifie que tout ce qui dépasse 100 $ sera un investissement.)

• Si vous n'êtes pas une personne fortunée, mais que votre agent insiste pour cette option, fuyez.

• Une discussion est nécessaire pour comprendre pourquoi vous voudriez cela plutôt que de maximiser votre REER et votre CELI.

• Ce type d'assurance est parfait pour quelqu'un qui a maximisé son REER, son CELI, son REEE, ouvert une fiducie familiale, et qui a tellement d'argent qu'il ne sait plus quoi en faire. C'est un outil idéal pour transmettre plus d'argent aux bénéficiaires au lieu de passer par la fiscalité au moment du décès.

Assurance accidents (blessures).

Une fois, j'ai rencontré une femme qui n'avait rien, ni assurance, ni épargne. Son budget était de 100 $ par mois pour commencer une forme d'assurance, d'épargne, un plan de retraite et un REEE pour ses enfants. Impossible ?

Voici ce que nous avons fait :
• 25 $ par mois pour une assurance accidents
• 25 $ par mois pour un REEE
• 50 $ par mois pour un REER
• Pas d'assurance vie, car elle en avait une petite par le biais de son travail.
• Le plan était de progressivement améliorer sa protection avec le temps.
• Cela signifiait que si son salaire augmentait, ce n'était pas le moment d'améliorer sa maison, mais de se concentrer sur les choses importantes, comme une couverture adéquate.

L'assurance accidents vous couvre pour des choses stupides comme tomber sur la glace, vous casser une jambe et ne pas pouvoir travailler pendant 2 mois.
• Elle ne couvre pas les invalidités, comme le cancer ou la dépression.
• N'a normalement pas d'examen médical.
• Assez abordable.
• Quelques options de couverture.
• Cela permet d'avoir l'esprit tranquille pour les accidents qui peuvent survenir en dehors du travail. (Parce que selon l'endroit où vous vivez, nous sommes couverts pour les accidents qui se produisent au travail.)

Assurance maladies graves.

La plupart des assurances maladies graves fonctionnent de la même manière :
• Cela couvre une maladie principale comme le cancer.
• Une fois que vous obtenez un diagnostic, vous devez survivre au moins 30 jours, puis vous recevrez un paiement forfaitaire.
• Le paiement forfaitaire que vous recevez n'est normalement pas imposable. (si c'est un contrat individuel où vous payez vos propres primes)
• Le montant forfaitaire choisi lors de la souscription n'est PAS basé sur votre salaire. Vous avez la liberté d'acheter la couverture que vous souhaitez.
• Vous n'avez pas besoin de travailler pour souscrire, par exemple, une mère au foyer bénéficierait grandement d'une assurance maladie grave si elle tombait malade.
• Lisez bien le contrat pour voir quelles maladies (et leur gravité) sont couvertes. Exemple : la perte d'un œil pourrait ne pas être couverte, mais la perte des deux yeux sera couverte. Et les trois premiers stades du cancer pourraient ne pas être couvertes.
• Certaines polices ont un processus de demande et de souscription complexe, ce qui signifie que toute réclamation devrait être plus facile à traiter.
• Certaines polices sont moins chères, ont moins d'exigences lors de la demande, mais les réclamations seront plus difficiles et pourraient être refusées. (Ne vous tournez pas vers les demandes plus simples à moins que vous n'ayez vraiment pas le budget pour une bonne assurance.)

Vous pouvez deviner que le coût total de la police sera grandement influencé par la qualité des clauses. Une police couvrante seulement 4 maladies coûtera beaucoup moins qu'une police couvrant les 25 maladies (en supposant que tout le reste soit identique, en théorie).

Les assurances maladies graves et invalidité sont des types d'assurances qui offrent de nombreuses options. Vous ne pouvez pas vraiment comparer le coût que vous payez avec celui de votre ami. Lorsque vous comparez, vous devez examiner tous les détails.

Voici quelques différences dans les polices :
 • Parfois, seules 4 maladies sont couvertes. (Exemple : cancer menaçant la vie, crise cardiaque, AVC, et chirurgie de pontage coronarien)
 • Parfois, 10 maladies sont couvertes.
 • Parfois, 25 maladies sont couvertes. (Exemple : Alzheimer, Parkinson, sclérose en plaques, tumeur cérébrale bénigne)
 • Il peut y avoir un remboursement des primes à l'âge xx. Cela signifie que si vous continuez à payer jusqu'à l'âge xx, sans faire de réclamation, ils vous rembourseront les primes mensuelles que vous avez payées.
 • Il peut y avoir 2 événements autorisés. Cela signifie : vous recevez un chèque si vous avez un cancer, puis 2 ans plus tard pour un AVC.
 • Prime fixe, ce qui signifie que le coût mensuel reste le même.
 • Prime fixe 10, ce qui signifie que le coût mensuel reste le même pendant les 10 premières années.
 • Payez de 20 à 75. Cela signifie que vous payez pendant 20 ans mais êtes couvert jusqu'à 75 ans. À 75 ans, vous n'êtes plus couvert, ou vous recevez un remboursement.

Assurance invalidité.

J'ai brièvement abordé le produit d'assurance invalidité en parlant du collectif ci-dessus, mais voici plus de détails.

• Le montant de la couverture pour lequel vous pouvez postuler est basé sur vos revenus.
• Si vous devenez invalide, il s'agira d'un montant mensuel que vous recevrez sur votre compte bancaire. (Il ne s'agit pas d'un paiement forfaitaire.)
• Il est destiné à remplacer les revenus ; il n'est pas conçu pour vous enrichir en cas d'invalidité.
• Le coût de l'assurance est basé sur plusieurs facteurs, y compris la description de votre emploi. Par exemple, un laveur de fenêtres extérieur dans des immeubles de grande hauteur aura du mal à obtenir une assurance, et si c'est le cas, elle sera coûteuse.
• Votre conseiller devrait toujours vous offrir la meilleure protection pour votre emploi et vous proposer des options moins chères. S'il ne vous offre pas d'options, exprimez-vous, posez des questions.

L'Assurance Invalidité est le produit qui offre le plus d'options, et vous devez comprendre les différences. Le MEILLEUR produit disponible pour vous, en fonction de votre description de poste / catégorie, sera le plus cher.

La meilleure police que j'ai vue avait la description suivante : (descriptions plus bas)
• Période d'attente de 30 jours
• Aucune exclusion (à part les 3 principales)
• Profession propre
• Couverture jusqu'à 65 ans
• Garantie, non annulable
• Non imposable
• Aucune intégration
• Aucune coordination
• Possibilité de prolongation

Période d'attente. L'option la plus populaire choisie est la période d'attente de 90 jours, car c'est la moins chère. Il y a généralement l'option de 30 jours, 60 jours, et 90 jours, six mois. Il est important de noter que : la période d'attente concerne le moment où la couverture commencera, et non le jour exact où vous recevrez la somme d'argent sur votre compte bancaire.

Exclusions.

La plupart des polices comporteront les 3 exclusions principales :

• Pour une invalidité due à un acte ou un accident de guerre, qu'il soit déclaré ou non,

• Pour une grossesse ou un accouchement normal (mais cela couvrira les complications invalidantes de la grossesse ou de l'accouchement),

• Pendant toute période où vous êtes incarcéré.

ET :

- Des exclusions seront ajoutées à votre police en fonction de votre historique de santé et de votre description de poste. Nous voyons souvent une exclusion pour la dépression dans certains emplois à haut risque.
- Si vous avez des antécédents de quelque chose, cela sera probablement exclu.
- Les plus courantes sont les problèmes de dos et de santé mentale. (Bien sûr, ne mentez pas, car les dossiers médicaux sont toujours vérifiés.)

Définition de l'invalidité.

Couvre-t-il la profession propre complète ? La police couvrira « *votre propre* » profession, ou « toute » profession.

Cela signifie que, si vous êtes chirurgien, mais que vous perdez la mobilité de vos mains, votre couverture "profession propre" vous indemniserait.

"Toute profession" signifierait que la compagnie d'assurance ne paierait pas, car vous seriez capable d'enseigner.

Couverture jusqu'à 65 ans.

C'est facile à comprendre. Si vous êtes invalide, l'assurance vous paiera-t-elle pendant 2 ans, 5 ans, jusqu'à 65 ans ?

Bien sûr, jusqu'à 65 ans sera la couverture la plus chère. Si vous êtes un professionnel hautement qualifié, comme un médecin, un dentiste, etc., vous devriez absolument opter pour la meilleure couverture.

Cependant, avoir une couverture de 2 ans est mieux que rien.

Garanti, non annulable.

La clause non annulable ne signifie pas que VOUS ne pouvez pas annuler. Cela signifie que la compagnie d'assurance ne peut pas annuler.

La partie garantie est ce qui est important. Si c'est un produit garanti, vous n'aurez pas à vous battre lors d'une réclamation, en théorie.

Non imposable.

Cette partie est facile à comprendre. Si c'est une police individuelle que vous possédez et que vous payez, les prestations seront non imposables.

Si c'est une police que vous avez obtenue en tant qu'avantage, par le biais de votre entreprise ou de votre travail, les prestations peuvent être imposables. Cela peut faire une différence dans votre budget.

Pas d'intégration.

Selon où vous vivez, vous pourriez avoir la chance d'avoir une certaine couverture de la part du gouvernement.

L'intégration signifie que votre police d'assurance invalidité vous paierait la différence entre ce qui vous est autorisé, moins ce que vous recevez du gouvernement. Vous pourriez penser que c'est injuste, mais cette police est moins chère qu'une clause sans intégration.

Pas de coordination.

Pas de coordination signifie qu'aucune autre couverture que vous avez par le biais de votre travail ou individuellement ne sera prise en compte.

Possibilité de prolongation.

Est-ce que nous arrêtons vraiment de travailler à 65 ans ? La couverture d'assurance invalidité se termine généralement à 65 ans. Cela pourrait être important pour vous, si vous souhaitez conserver une couverture après 65 ans. Ce n'est pas automatique, et vous devrez probablement prouver que vous travaillez encore après 65 ans. Mais lorsque vous postulez pour une couverture d'assurance invalidité, vérifiez si c'est une possibilité.

Possibilité de transformation.

Ce que j'ai vu dans le passé et que je trouvais intéressant, c'était la possibilité de transformer l'assurance invalidité en une assurance soins de longue durée.
L'assurance soins de longue durée n'existe peut-être plus, c'est une assurance qui couvre vos besoins de base lorsque vous n'êtes plus capable de prendre soin de vous-même.

Assurance pour animaux

Oui, je veux discuter de cela.

Un animal qui a une facture vétérinaire de 10 000 $ est ce qui peut vraiment vous nuire financièrement. Parfois, des choses stupides arrivent, comme le fait que votre chien ait poursuivi un porc-épic.

Je ne donnerai pas de détails ici, car j'ai vu bien trop d'options. Mes recommandations :

• Demandez à votre vétérinaire quelle assurance pour animaux ils acceptent et avec laquelle ils n'ont pas rencontré de nombreux problèmes.

• Votre vétérinaire a probablement déjà des pamphlets à son bureau, mais discutez aussi avec les réceptionnistes. Ce sont eux qui gèrent les paiements et ils ont probablement des histoires à partager.

• Ma couverture n'a pas commencé immédiatement parce qu'ils voulaient voir son dossier médical avant de l'assurer. (et elle n'avait jamais vu un vétérinaire).

donc, lorsque vous adoptez un animal, prenez un rendez-vous chez le vétérinaire pour un examen de santé.

    o Ensuite, renseignez-vous sur l'assurance.

    o Ne tardez pas jusqu'à ce qu'il y ait un problème de santé, car il existe aussi des exclusions dans l'assurance pour animaux.

    o Souscrire une assurance quand ils sont jeunes est beaucoup moins cher.

    o Cela vous apporte la tranquillité d'esprit.

    o Si vous ne croyez pas en l'assurance pour animaux, vous devriez absolument avoir un fonds d'urgence pour les animaux. (ce qui n'est pas la même chose, il faut du temps pour accumuler 10 000 $ à 20 000 $).

Le montant maximum que vous pouvez cotiser à votre REER/CÉLI/CELIAPP (cela se trouve sur le site web de l'ARC).

Lorsque je parle avec des clients, je leur demande combien qu'ils peuvent cotiser dans leur REER/CÉLI/CELIAPP. Cette information se trouve dans votre accès en ligne avec l'Agence du revenu du Canada.

Il est important de connaître ces chiffres pour élaborer un plan financier. Si vous n'avez aucun droit de cotisation, cela signifie qu'il faut investir davantage dans des comptes imposables et établir un plan de fiscalité. Si vous en avez dans le CÉLI et le REER, nous vérifions si/et quand il est avantageux de maximiser ces comptes.

- Le CELIAPP est un nouveau type de compte que nous avons commencé à ouvrir en 2023. ***Compte d'épargne libre d'impôt pour l'achat d'une première propriété.***
- Ce compte est destiné à ceux qui prévoient acheter une maison.
- Vos droits de participation dépendent de la date à laquelle vous avez ouvert le compte. Si vous avez ouvert le compte en 2024, vous N'avez PAS le droit de 2023 de 8 000 $.
- Il faut avoir 18 ans pour l'ouvrir.
- Les cotisations à un CELIAPP sont généralement déductibles et peuvent servir à réduire votre impôt.
- Les transferts de vos REER à vos CELIAPP ne sont pas déductibles.
- Le maximum que vous pouvez cotiser est 40,000$.
- Similaire au CÉLI, le montant que vous pouvez cotiser n'est PAS basé sur votre revenu.

Avez-vous ouvert un CELIAPP ?

Lorsque nous rencontrons des clients qui sont actuellement locataires, nous leur demandons s'ils prévoient acheter une maison. Épargner pour une mise de fonds peut prendre du temps, et maintenant nous avons un outil comme le CELIAPP qui est intéressant.

Informez toujours votre conseiller si vous prévoyez utiliser une partie de vos investissements pour des achats immobiliers.

Avez-vous reçu un héritage, ou pensez-vous en recevoir un ?

Penser que vous recevrez un héritage à l'avenir n'est **PAS** un plan de retraite.

La raison pour laquelle nous posons cette question est de connaître votre profil complet. En général, je crée un plan financier sans tenir compte de ce montant. Une fois (ou si) vous héritez, nous ajusterons votre plan financier en conséquence.

Si vous n'êtes pas au Canada :

Le premier chapitre était entièrement consacré à la connaissance de vos chiffres.

Le budget et le revenu sont les mêmes, peu importe où vous êtes.

Qu'avez-vous actuellement en place ?

Avez-vous des avantages, des régimes de retraite, ou une protection au travail ?

Que vous offre votre gouvernement en cas de maladie ou d'incapacité ?

Chapitre deux. Contrôlez vos dépenses.

La première étape pour contrôler vos dépenses consiste à établir un budget mensuel.

C'est-à-dire : toutes les dépenses de l'année réparties sur les douze mois.

Incluez tout.

Les fêtes d'anniversaire, les cadeaux, les vacances, le déneigement, les taxes, le dentiste, les voyages d'été, les vêtements, les dépenses de rentrée scolaire, et bien plus encore

Nous avons examiné le budget dans le chapitre précédent, et au cas où vous l'auriez sauté :

Conseils et remarques :

• La première fois que vous faites cela, vous risquez de vous sentir accablé(e).

• Le déni par rapport à toutes les dépenses est plus courant que vous ne le pensez.

• Faire le budget est la première étape ; vous devez accepter ce qui en ressort. Acceptez-le et passez à autre chose. Savoir est mieux que de vivre dans le déni et de vous enfoncer davantage dans les dettes.

• Soyez réaliste concernant vos dépenses. N'écrivez pas 200 $ pour Noël si vous dépensez 1500 $ en cadeaux et décorations.

• Excel est un outil parfait, créez un nouvel onglet pour une nouvelle année et suivez vos progrès au fil des ans. Ou un onglet personnel et un onglet pour votre entreprise.

• Chaque dollar compte. Essayez d'être aussi précis que possible. Par exemple, ne mettez pas 1000 $ pour les paiements hypothécaires si le montant est de 1189,90 $.

La deuxième étape consiste à examiner toutes les dépenses. Voyez s'il y en a que vous pouvez couper. Par exemple, j'entends souvent des femmes dire qu'elles n'ont pas d'argent à investir, même pas 25 $ par mois. Cependant, elles se font faire les ongles une fois par mois, vont chez le coiffeur, etc. Aucun jugement, vraiment.

Cependant, si l'objectif est de créer de la richesse, essayer de réduire les dépenses devrait être votre priorité.

Dépenses faciles à couper :

• Le café dans un restaurant, avec un scone ou un muffin.
• Les déjeuners au travail.
• Les sorties au restaurant avec des amis.
• Les ongles, les cheveux.
• Les abonnements au gym que nous n'utilisons pas vraiment.
• Les abonnements à Zumba à 320 $ pour 8 séances.
• Les vêtements et les chaussures.
• Les entraîneurs personnels à 800 $ par mois. Il existe de nombreuses façons de se mettre en forme sans dépenser 800 $ par mois. Et si vous dépensez 800 $ par mois pour un entraîneur personnel, mais que vous ne mettez pas autant de côté pour l'épargne ou l'investissement, alors il est temps de revoir sérieusement vos priorités.
• Les billets de loterie. Il y a une différence entre un billet de temps en temps et dépenser 50 $ par semaine.
• Les collations/ repas rapides entre l'école et l'entraînement de soccer.
• Encourager les amis avec leur entreprise à domicile. Allez-y, aidez vos amis avec leur entreprise Avon, Tupperware, Doterra, etc. Cependant, décidez que vous limiterez ces dépenses chaque mois, sinon vous risquez de perdre le contrôle.

Dépenses que vous pourriez revoir :

• Les taux d'intérêt de vos cartes de crédit. Contactez votre banque pour voir si vous pouvez réduire vos taux ou changer de carte. Par exemple, une carte qui accumule des points pour des voyages peut avoir un taux d'intérêt plus élevé qu'une carte simple.

• Vérifiez auprès de votre employeur s'ils ont des offres spéciales pour l'assurance habitation/auto ou d'autres avantages.

• Les paiements de voiture. Je vois souvent des personnes qui n'ont aucune épargne mais qui ont un paiement de BMW de 900 $ par mois. Une voiture se déprécie, alors ne me dites pas que c'est un investissement. Avoir l'air riche ne vous rend pas riche. Les millionnaires que je connais conduisent des Toyotas et des Mazdas. Quand vous êtes vraiment riche, vous ne voulez pas être dérangé par des étrangers. (Acheter une voiture chère attire l'attention des mauvaises personnes).

• Parfois, les gens ont trop d'assurance ou le mauvais type. J'ai déjà rencontré un homme qui avait 5 protections contre les accidents, mais pas d'assurance-vie. (Il pensait que c'était 5 polices d'assurance-vie). Prenez rendez-vous avec votre conseiller pour faire une révision.

• L'assurance voyage. Avant d'en acheter une, vérifiez si vous êtes couvert avec votre carte de crédit. (L'assurance voyage couvre souvent quand le voyage est acheté avec la carte de crédit).

• Vos coûts de logement. Comme mentionné dans le chapitre précédent, si votre logement, voiture et alimentation représentent plus de 50 % de vos revenus, alors vous avez pris des décisions erronées en cours de route. Vous n'avez pas BESOIN d'une maison, et surtout pas de la plus chère pour laquelle vous pourriez être approuvé. J'ai une fois rencontré une femme célibataire qui a décidé de louer un endroit tout neuf, c'était cher, mais elle "méritait d'être dans un bel endroit". Son loyer était de 500 $ de plus que d'autres endroits dans la région à ce moment-là. 500 $ par mois aurait pu être une belle épargne mensuelle.

Soyez prudent avant de couper ou réduire :

• Souvent, les premières dépenses à couper sont les paiements d'assurance. Assurance-vie, invalidité, maladie grave. Ne les annulez pas ou ne les modifiez pas sans en discuter avec votre conseiller et procéder à une analyse.

> o Au lieu d'annuler, vérifiez si vous pouvez réduire la couverture, ce qui permettrait de réduire les coûts.
> o Vérifiez s'il existe des options moins chères.
> o Si vous avez arrêté de fumer, vérifiez si vous êtes éligible à une prime réduite (après un an sans fumer).
> o Pour les polices conjointes, surtout si vous êtes séparé ou divorcé, vérifiez si elles peuvent être séparées. (Exemple : assurance-vie conjointe. Femme et homme plus âgé. La femme continuait de payer la police telle quelle, jusqu'à ce qu'elle réalise que sur la prime de 80 $, 55 $ étaient pour l'homme. Histoire vraie).

• Chiropracteur, nutritionniste, kiné, dermatologue. Avez-vous vraiment besoin de 2 rendez-vous par semaine ? Offrent-ils maintenant des reçus d'assurance ? Proposent-ils des plans de paiement ? Prendre soin de votre santé est une priorité. Si vous pensez que rester en bonne santé est coûteux, imaginez-vous tomber malade. Cependant, assurez-vous de dépenser votre argent judicieusement, avec des professionnels réellement certifiés. (Nutritionniste versus quelqu'un qui vend des shakes protéinés).

• Vérification de la réalité avec votre MLM (Marketing de réseau ou marketing multi-niveaux). Gagnez-vous vraiment de l'argent, ou dépensez-vous chaque mois pour essayer de construire votre réseau ?

• Pareil pour votre entreprise. Un budget doit également être fait pour votre entreprise, séparément de vos finances personnelles. Vérifiez s'il y a des dépenses à couper.

Si vous n'êtes pas au Canada.

Les produits d'assurance sont similaires, peu importe le pays dans lequel vous vous trouvez, et c'est souvent la première chose que les gens coupent lorsqu'ils rencontrent des difficultés financières. Avant d'annuler une assurance vie ou santé, consultez un conseiller.

Réduire d'autres dépenses, comme les restaurants semble être la même chose partout.

Peu importe le pays dans lequel je me trouve, je pourrais dire "arrêtez de dépenser"!

Vos informations financières et outils.

Chapitre trois.
Avoir la bonne équipe de conseillers.

Les statistiques au Canada sont encore stupéfiantes. Actuellement, seulement une personne sur quatre épargnes suffisamment d'argent pour sa retraite. Et parmi ces personnes, 85 % ont un conseiller. Cela signifie donc que ceux qui travaillent étroitement avec un conseiller ont un meilleur plan financier et de retraite.

Comment choisir la bonne équipe de conseillers financiers ? Où aller ? Plusieurs options s'offrent à vous.

1-Ouvrez simplement un compte de retraite auprès de votre banque actuelle.

Avantages :

• Vous avez déjà des comptes avec votre banque, donc l'ouverture d'un autre est facile.
• Vous avez probablement accès à l'application ou au site, ce qui est pratique.
• Vous pouvez ouvrir un compte avec 0 $ et commencer à contribuer le montant de votre choix, à partir de 25 $ par mois.
• Ils pourraient vous proposer une discussion avec un conseiller et préparer un plan financier.
• Pour la plupart, avoir des comptes d'épargne et d'investissement auprès de la banque est suffisant.
• Lorsque vous aurez atteint un certain niveau d'investissements, ils vous recommanderont de rencontrer un banquier privé ou un conseiller en investissements.

Inconvénients :

• Ce n'est pas un conseiller à qui vous pouvez envoyer un message le dimanche soir avec une question rapide concernant votre REER.

• Il y a un énorme roulement de personnel dans quelques banques, c'est un peu moins évident de créer une relation solide avec un conseiller.

• Vous pouvez être avec la même banque pendant 25 ans, puis un jour vous entrez et personne ne connaît votre nom ni ne reconnaît la loyauté que vous leur avez montrée.

• À moins d'avoir atteint un certain niveau d'investissements, vous n'avez pas accès à un conseiller en investissements ni à un banquier privé. Ceux-ci sont réservés uniquement aux personnes à haut revenu. Vous pourriez vous sentir moins important pour la banque que votre voisin qui a plus d'argent.

• Ces inconvénients ne semblent peut-être pas importants et je n'ai rien de négatif à dire sur les banques. Elles ont un rôle à jouer ; nos paies sont déposées dans un compte cheque. On peut payer des factures et transférer de l'argent. À vous de décider si la banque est l'endroit où placer vos investissements.

2- Conseiller en sécurité financière

Un conseiller en sécurité financière peut vous aider avec des choses que les employés de banque ne peuvent pas. La raison ? Des licences et des régulations différentes. Un conseiller en sécurité financière possède une licence d'assurance. Son objectif est de rencontrer un prospect et d'examiner sa situation financière, y compris les assurances et les économies.

Avantages :

• Ils travaillent gratuitement, dans l'espoir que vous deviendrez un client (souvent, ils n'ont pas de salaire de base, ils ne reçoivent que des commissions).
• Ils ont accès à des logiciels de planification financière.
• Ils vous demanderont si vous avez un testament et un mandat.
• Ils vous demanderont si vous êtes en union de fait ou marié (et pourraient entamer une discussion sur les différences et vos droits).
• Ils vous expliqueront l'assurance-vie, l'invalidité, et la maladie grave.
• Ils passeront en revue votre couverture au travail.
• Ils peuvent ouvrir des comptes d'investissement pour vous, aussi avec 0 $ et une petite contribution mensuelle.
• Le service est personnalisé.
• Certains vous donnent même leur numéro de portable, afin que vous puissiez leur envoyer un texto pour toute question farfelue.
• Ils se souviendront de votre anniversaire et se soucieront si votre chat meurt.
• Un interlocuteur de confiance si vous avez besoin urgemment des services d'un autre professionnel (notaire, avocat, etc.).

Inconvénients :

• Les représentants d'assurance ont toujours eu une mauvaise réputation, ceux qu'on considère comme des "pousseurs d'assurances", ou comme les *vendeurs de balayeuses* des années 80.

• On dirait presque que les entreprises recrutent tous les jours (on a l'impression qu'elles recrutent presque n'importe qui, prennent les membres de la famille comme clients et passent au prochain candidat qu'elles peuvent embaucher).

• Les représentants d'une certaine entreprise veulent vous vendre de l'assurance tout en cherchant à vous recruter en même temps. C'est une conversation étrange. On a presque l'impression qu'ils gagnent plus d'argent en recrutant qu'en vendant de l'assurance (je ne vais pas nommer l'entreprise, vous pouvez deviner).

• Il est clair que certains représentants sont là pour la commission, pas pour l'amour du métier. C'est dommage, car ils nuisent à la réputation des bons professionnels.

• Le taux de rotation est tellement élevé que vous pourriez avoir un "nouveau" conseiller tous les six mois. Chacun d'entre eux vous appellera et vous dira qu'il doit vous rencontrer.

Puisque je crois sincèrement en l'importance de l'assurance (vie, invalidité et maladie grave), ainsi qu'en l'investissement, je recommande vivement une rencontre. Trouvez un conseiller en qui vous avez confiance. Demandez autour de vous, vous n'êtes pas obligé de choisir le premier que vous rencontrez.

3- Banquier privé

Une fois que vous avez atteint un certain niveau d'investissements et de patrimoine, le caissier de la banque vous recommandera de rencontrer un banquier privé.

Chaque banque privée est différente et offre une variété de services, mais voici quelques exemples :

• Passez devant les files d'attente à la banque. Votre banquier privé peut être contacté par fax, courriel ou téléphone.
• Revue approfondie de la gestion de votre patrimoine, de la planification successorale et de vos besoins en matière de retraite.
• Accès à des cartes de crédit et avantages exclusifs, comme un salon privé à l'aéroport.
• Limites de retrait d'argent plus élevées.
• Une large gamme d'options de prêts à taux fixe.
• Accès à la gestion de trésorerie à court terme par l'intermédiaire de leur unité de trésorerie.

Certains banquiers privés fonctionnent davantage comme un service de conciergerie. Contactez-les pour envoyer un chèque à votre concessionnaire automobile ou payer vos factures, mais vos investissements restent dans une division de titres.

Cependant, certaines banques privées s'intéressent également à votre portefeuille d'investissements, et voici les inconvénients :

• Certaines banques privées ne proposent que des investissements d'une seule société de fonds communs de placement. Pas de diversification, pas d'actions, pas de FNB.

• Parfois, les frais pour la banque privée sont beaucoup plus élevés que ceux des comptes avec un conseiller en investissement, qui a accès à tous les types d'investissements.

4- Applications de courtage direct.

• Il n'y a pas de relation conseiller/client avec cette option.
• Vous effectuez vos propres transactions, prenez vos propres décisions.
• Idéal pour la personne qui suit les marchés boursiers et qui a suffisamment de connaissances pour le faire elle-même.
• Il y a des frais pour chaque transaction effectuée, par exemple : 9,95 $. (Bien que la plupart des applications disent qu'elles n'ont pas de frais de transactions, vous savez qu'elles sont payées d'une manière ou d'une autre, probablement par le biais d'un écart, « spread »).
• Vous êtes complètement seul lorsqu'il s'agit de tout ce qui est lié aux finances. Vous avez des questions sur l'assurance, la planification financière, la planification de la retraite, les successions, le crédit, l'assurance, etc. ? Vous êtes seul.
• N'utilisez pas d'applications de courtage direct à moins de savoir vraiment ce que vous faites.

5- Conseiller en investissements.

Il y a de nombreuses années, les conseillers en investissements étaient appelés « stock broker ». La plupart de leur journée consistait à réaliser des transactions et à appeler leurs clients pour faire des recommandations. Une étude intéressante appelée l'étude Brinson (commencée en 1974 et ayant duré 20 ans) a montré que 93,6 % du succès d'un portefeuille dépend de la bonne allocation d'actifs (et non essayer de *timé* les fluctuations du marché). J'ai lu un article à ce sujet lorsque j'ai commencé dans ce domaine. Cela m'a fait rire, car nous connaissons tous au moins un conseiller en investissements qui contacte ses clients et se vante de ses rendements élevés, mais qui rejette la faute ailleurs lorsque les marchés s'effondrent. Aujourd'hui, la plupart des conseillers que j'ai rencontrés comprennent cela. Essayer de « battre le marché » ou de faire du « timing de marché » ne fait plus partie de la gestion de portefeuille ni de la gestion de patrimoine.

Ce qui compte ? S'assurer que vous connaissez votre client. Ses **objectifs** financiers, sa **tolérance au risque**, son **horizon** d'investissement. La tolérance au risque est généralement mesurée par un questionnaire. Il vise à trouver la véritable tolérance de l'investisseur. Nous entendons encore souvent cette phrase :

« Je veux gagner de l'argent, obtenir un rendement vraiment élevé, mais ne pas perdre d'argent. »

Parfois, la personne a une peur des marchés boursiers (nous connaissons tous quelqu'un qui a investi dans une action spéculative et a perdu, comme Bre-X, par exemple).

La **tolérance au risque** mesure votre volonté et votre capacité à assumer une perte de la valeur de vos placements. Cela ne sert à rien de faire des placements plus risqués si vous avez peur chaque jour de la volatilité du marché.

Une fois que votre conseiller a évalué votre tolérance au risque, il vous expliquera le modèle de portefeuille d'investissement qui correspond le mieux à vos besoins. Il existe trois principales catégories **d'objectifs** : conservateurs, équilibrés et agressifs.

Un horizon signifie dans combien d'années vous aurez besoin d'une partie ou de la totalité de votre argent. Soyez honnête avec votre conseiller. Vous souhaitez retirer 30 000 $ de votre REER pour acheter votre première maison ? Dites la vérité. Cela changera les recommandations d'investissement.

Les conseillers en investissement ne travaillent pas tous dans une division d'une banque, mais chaque banque a une division en valeurs mobilières, comme TD Waterhouse, CIBC Wood Gundy, RBC Dominion Securities (juste pour donner des exemples, pas une liste des meilleures firmes). Les conseillers en placements ont accès à presque tous les types d'investissements que vous souhaiteriez acheter : CPG, fonds communs de placement, actions, FNB, options, fonds distincts, billets à capital protégé , etc.

Vous pouvez ouvrir plusieurs types de comptes avec eux : REER, REEE, CELI, LIRA, FERR, CELIAPP, etc., et il existe trois principaux types de frais :

Compte à commission : Idéal pour les personnes ayant moins de 200,000 $ en investissements. Le compte a un frais annuel (par exemple, REER 150 $ par an). Une transaction d'actions ou de CPG entraînera une commission, la plupart du temps d'au moins 150 $. C'est pourquoi la plupart de ces comptes ont des fonds communs de placement (sans frais de transaction).

Frais de gestion : Vous payez des frais annuels, généralement de 1 à 2 % de la valeur de votre portefeuille. Il n'y a pas de frais pour les transactions individuelles, avec un nombre maximal de transactions autorisées.

Frais de gestion pour gestion discrétionnaire: Frais annuels, mais le conseiller n'a pas à vous contacter pour discuter des transactions recommandées. Tous les conseillers ne peuvent pas être discrétionnaires, le titre CIM® est requis. (Sinon, le conseiller doit contacter chaque client avant de réaliser la transaction). Les transactions discrétionnaires signifient que le client doit faire confiance au conseiller et doit signer un formulaire. Cela signifie également que le conseiller peut effectuer une seule transaction au lieu de centaines. Par exemple, le conseiller a 100 clients qui détiennent des actions de Tesla. Il/elle estime qu'il est temps de vendre 25 % du portefeuille. Sans la licence CIM®, il/elle devrait appeler les 100 clients pour discuter et obtenir l'approbation de ce changement. Combien d'heures cela prend-il pour contacter 100 clients ? La gestion discrétionnaire signifie une seule transaction simple. Pas d'appels téléphoniques.

Toutes les entreprises ne disposent pas de la technologie ou du personnel de conformité nécessaires pour permettre des plateformes discrétionnaires, et il y a encore de nombreux conseillers qui ne sont pas titulaires d'une licence. Un bon nombre de clients fortunés (ayant 1 million de dollars ou plus d'actifs investissables) souhaitent être dans des comptes discrétionnaires.

Le conseiller en placements est souvent limité par le type de clients qu'il peut accepter. Chaque entreprise a ses comptes minimums. Par exemple, certaines entreprises autorisent l'ouverture de comptes plus petits, mais le conseiller ne sera pas rémunéré sur ces comptes inférieurs à 200 000 $.

- Ensuite, le conseiller doit décider s'il veut vraiment investir du temps et des efforts pour maintenir ces petits comptes. Souvent, nous le faisons encore. Surtout si ce compte plus petit est celui de l'enfant d'un client important, ou si le compte a le potentiel de croître puisque le client est étudiant en droit.

Comment décidez-vous où et avec qui vous voulez investir votre argent? Un conseiller en sécurité financière ? Simplement à la banque ? Ou avec un conseiller en placements ? Vous pourriez toujours le laisser à la banque jusqu'à ce que vous rencontriez le conseiller avec qui vous ressentez une véritable connexion.

Choisir un conseiller ne consiste plus à savoir qui vous impressionne avec de grands mots ou qui semble avoir le plus de confiance en soi. L'arrogance n'a plus sa place. Les gens veulent se sentir autonomes tout en étant pris en charge. Ils veulent sentir que le conseiller comprend leurs besoins et a vraiment écouté. Choisissez le conseiller qui se soucie de vous et de votre famille.

Le conseiller vous a-t-il posé les questions suivantes :

- Avez-vous des parents âgés à prendre en charge (ou dans le futur) ?
- Avez-vous des testaments et des mandats (et sont-ils à jour) ?
- Avez-vous une assurance personnelle et/ou via votre travail ?
- Avez-vous un enfant ou une personne à charge handicapée ?
- Avez-vous déjà investi en bourse auparavant ?
- Comment imaginez-vous votre retraite ?
- Etc.

Il y a des questions pour mieux vous connaître et comprendre votre situation. Les conseillers en investissement font bien plus que simplement donner des recommandations d'investissement. Les conseillers en investissement peuvent vous aider avec :

- La planification de la retraite
- La planification successorale
- La planification de la transmission d'entreprise
- La philanthropie
- La gestion des risques par l'assurance
- L'élaboration de budgets
- Le plan éducatif
- Etc.

Le secret pour trouver un bon conseiller financier :

• Apprenez à connaître les différents types de conseillers financiers dans votre région.
• Si vous avez un montant conséquent d'actifs investissables, choisissez les conseillers qui sont titulaires de licences pour négocier des actions.
• Si vous débutez, vous pouvez rester avec la banque où vous êtes déjà.
• Si vous souhaitez un peu d'orientation et avez peu d'argent, optez pour le conseiller ayant la licence d'assurance.
• Bien sûr, demandez à vos amis et à votre famille en qui ils ont confiance pour gérer leur argent. Mais que faire si vous êtes la seule personne dans votre entourage à avoir de l'argent ? Rencontrez des amis plus riches et demandez-leur. Il y a une énorme différence entre tous ces types de conseillers, surtout en termes de connaissances, d'expertise et d'accès aux investissements.
• Rencontrez le conseiller et posez des questions. Vous devez vous sentir à l'aise avec lui.
• Rencontrez-en plusieurs pour comparer.
• Lorsque vous rencontrerez le bon, vous le sentirez.
• NE choisissez PAS le même conseiller que votre conjoint(e) si le conseiller vous traite comme si vous étiez simplement la femme, sans opinion. J'ai vu trop de fois des conseillers hommes qui s'adressent uniquement au client masculin et ignorent la femme. Cela était mon inspiration de vouloir organiser des conférences pour femmes.

Si vous n'êtes pas au Canada :

• Découvrez les principaux types de conseillers financiers dans votre région.

• Quelles sont les exigences en matière de licences ?

• S'ils travaillent dans les investissements, ils devraient avoir certains types de licences pour pouvoir négocier sur les marchés boursiers.

• S'ils vendent de l'assurance, il y a probablement des exigences en matière de licences également.

Si vous ne savez pas comment vérifier cela, dressez une liste de vos proches ou amis avec qui vous pourriez avoir une discussion, et notez vos questions.

Chapitre Quatre. Comprendre l'inflation et comment elle affecte votre richesse.

Vous comprenez probablement déjà l'inflation.

L'augmentation du coût des biens que nous achetons.

Les termes « coût de la vie » et « inflation » sont souvent utilisés de manière interchangeable dans les conversations, mais ce ne sont pas tout à fait les mêmes choses. Le coût de la vie à Toronto est plus élevé qu'à Montréal. La différence de coût de la vie entre les villes/provinces est principalement due au logement, à l'emploi et aux impôts. Le taux d'inflation pour le Canada est en moyenne de 2 % par an.

Pourquoi est-il important de comprendre l'inflation et le coût de la vie ? Pour nous aider à faire des choix plus judicieux en matière d'emploi et d'investissements.

Emploi :

Disons que vous avez postulé différents postes. L'un d'eux offre un salaire de départ un peu plus élevé. Cependant, ils ne donnent pas d'augmentations annuelles (et il semble que les gens doivent essayer de négocier une augmentation). L'autre entreprise offre une augmentation de 3 % chaque année. Cela serait un choix simple : optez pour l'entreprise qui donne des augmentations annuelles de 3 %. (Sinon, chaque année, alors que votre salaire reste le même, le coût de la vie augmente. Chaque année, votre salaire a moins de pouvoir d'achat, vous devenez donc « plus pauvre » au fil des années). Si vous avez l'intention de changer de travail chaque année, je suppose que cela n'a pas d'importance. Imaginez si vous restiez dans cette entreprise pendant 10 ans. Combien votre salaire sera-t-il plus bas par rapport à vos pairs travaillant pour la concurrence ?

La loyauté envers votre entreprise que vous aimez est géniale, mais imaginez découvrir que les employés d'une entreprise concurrente gagnent beaucoup plus que vous. La connaissance est la clé. Soyez curieux de savoir combien vous valez.

Et si on vous demandait de déménager dans une autre province pour le travail ? On vous propose de rembourser les frais de déplacement, c'est génial. Mais qu'en est-il d'une augmentation de salaire ? Si vous passez de Montréal à Toronto, sans une augmentation significative de votre salaire (pour couvrir la différence du coût de la vie), serait-ce judicieux ? (au moment d'écrire ce texte, la coût de la vie est beaucoup plus élevé à Toronto qu'à Montréal)

Investissements :

Ne serait-il pas génial si nous pouvions investir notre argent, obtenir un rendement *énorme*, mais sans aucun risque ?

Ce serait génial. Cependant, nous savons tous que plus le risque est élevé, plus la possibilité de récompense l'est aussi. Certaines personnes ont perdu beaucoup d'argent en investissant sur les marchés (pour diverses raisons, comme investir dans des actions très spéculatives, ou mettre tout leur argent dans une seule action, pensant avoir trouvé le jackpot). La peur d'investir en bourse pourrait vous maintenir dans la pauvreté.

Certaines personnes, à cause de cette peur, investissent uniquement dans des **CPG (certificats de placement garanti)**. Caractéristiques :

- Cet investissement est 100 % garanti.
- Il a une échéance, par exemple 1 an, 2 ans, etc.
- La plupart du temps : votre argent est bloqué, vous ne pouvez pas racheter le CPG avant l'échéance.
- Le taux est connu à l'avance, par exemple : 1,5 %.
- Donc à l'échéance, vous recevez 100% de vote capital et le % d'intérêts.

Vous comprendrez alors que les CPG ne protègent pas votre argent contre l'inflation, surtout lorsque les taux sont bas comme ils l'ont été ces dernières années. C'est un investissement de choix pour les personnes âgées, qui ont travaillé dur pour économiser et investir, mais qui ne peuvent plus se permettre de prendre des risques.

Si vous économisez pour la retraite et souhaitez que votre argent croisse, les CPG ne seront probablement pas votre premier choix. (Dépendamment des taux d'intérêts)

Lorsque nous faisons des projections de retraite, nous utilisons souvent un taux d'inflation de 2 à 3 % et un rendement moyen d'investissement de 6 %. J'ai vu certains conseillers utiliser des rendements de 8 à 12 % ou plus dans leurs plans de retraite (pour faire en sorte que vous ayez l'impression d'avoir besoin d'épargner moins pour la retraite). Les rendements (sauf pour les CPG) ne sont jamais garantis. Soyez prudent si quelqu'un vous approche en garantissant un rendement incroyable.

Vos investissements croîtront chaque année si vos rendements dépassent l'inflation. Combien vous pourrez accumuler et à quelle vitesse votre argent croît dépend de votre volonté à prendre des risques.

Chapitre Cinq. Comprendre la magie des intérêts composés.

Le mot « intérêt » vous fait penser aux dettes de cartes de crédit ou à vos investissements. L'intérêt, surtout l'intérêt composé, peut soit vous aider à construire de la richesse, soit vous détruire.

Je viens d'une famille pauvre. Quand j'avais 12 ans, le mot 'intérêt' me mélangeait. Je pensais que l'intérêt était mauvais car j'avais entendu des adultes dire :

• « Mon taux d'intérêt me tue. »
• « Le montant de mes intérêts est trop élevé, j'ai du mal à le payer. »

Mais ensuite, j'ai entendu quelqu'un dire :

« Je suis content d'avoir reçu mes intérêts aujourd'hui sur mon compte bancaire. »

Je ne me souviens pas exactement quand j'ai compris que les intérêts sont payés sur les sommes empruntées :

• Vous empruntez avec une carte de crédit, vous payez des intérêts.
• La banque vous emprunte de l'argent (par exemple, via un CPG), la banque vous doit des intérêts.

Apprendre les investissements a changé ma vie. J'avais 12 ans et je voulais acheter des actions de Pepsi.

L'intérêt n'est ni mauvais ni bon. Les cartes de crédit sont utiles, mais elles peuvent nuire à notre crédit si elles sont mal utilisées.

Les intérêts composés, ce sont simplement des intérêts sur des intérêts.

- 2 % d'intérêt sur 100 $ devient 102 $.
- Puis, 2 % sur 102 $ (et non sur 100 $), ce qui donne 104,04 $.
- Ensuite 2% sur 104.04$, et ensuite….

Les intérêts composés sont le secret pour se constituer une richesse, avec du temps et de la patience.

Pourquoi est-ce intéressant ? C'est intéressant lorsque l'on voit combien il faut *peu* d'argent pour accumuler de la richesse sur une longue période (d'où l'importance de commencer à investir à 18 ans plutôt qu'à 50).

Considérez la **règle du 72** pour déterminer combien d'années il faut pour doubler votre argent.

72 divisé par le taux de rendement de l'investissement donne le nombre d'années nécessaires pour doubler votre capital.

Par exemple :

Investi dans un CPG à 1,5 % : Votre 10 000 $ investi deviendra 20 000 $ en 48 ans. (72 ÷ 1,5 = 48, donc il faut 48 ans pour doubler)

Votre 10 000 $ investi à 6 % deviendra 160 000 $ en 48 ans. (double tous les 12 ans)

Votre 10 000 $ investi à 12 % deviendra 2,5 millions $ en 48 ans. (double tous les 6 ans)

Préférez-vous prendre zéro risque (en achetant un CPG avec ces 10 000 $ à 18 ans) ou vous constituer un portefeuille plus important ?

La règle du 72

Années	1,50%	3%	6%	12%
0	10 000,00 $	10 000,00 $	10 000,00 $	10 000,00 $
6				20 000,00 $
12			20 000,00 $	40 000,00 $
18				80 000,00 $
24		20 000,00 $	40 000,00 $	160 000,00 $
30				320 000,00 $
36			80 000,00 $	640 000,00 $
42				1 280 000,00 $
48	20 000,00 $	40 000,00 $	160 000,00 $	2 560 000,00 $

Préférez-vous avoir 20 000 $ à la retraite ou 2,5 millions ?

Bien sûr, un rendement de 12 % n'est jamais garanti. De plus, ce tableau montre un rendement stable de 12 % par an, ce qui ne reflète pas nécessairement la réalité

Même si vous savez que les investissements n'offrent pas de rendement garanti, prendriez-vous le risque d'investir dans des actions ou des fonds communs de placement, maintenant que vous comprenez cela ?

Imaginez un jeune de 18 ans qui investit 10 000 $, soit dans des fonds communs, soit en actions, puis l'oublie pendant 48 ans jusqu'à sa retraite. Maintenant, imaginez plutôt quelqu'un qui commence à épargner à 50 ans.

Le secret réside dans la magie des intérêts composés. (Albert Einstein l'a qualifiée de 8e merveille du monde.) Commencer tôt, même avec un petit montant, peut devenir une somme considérable avec le temps.

C'est pourquoi certaines personnes que vous connaissez semblent avoir accumulé beaucoup plus de richesse pour leur retraite que d'autres. Peut-être ont-elles simplement épargné davantage, ou peut-être ont-elles bien investi.

Si vous n'êtes pas au Canada :

L'inflation et les intérêts fonctionnent de la même manière, peu importe où vous êtes.

Renseignez-vous pour savoir s'il existe des investissements avec un rendement garanti. (Je parle de produits offerts par les banques ou d'autres institutions financières—ne demandez pas à votre beau-frère ou au gars qui vient d'ouvrir un bureau au coin de la rue.)

Faites une liste des types d'investissements dans votre région, classés selon leur niveau de risque :

Faible risque : un placement avec une garantie sur le capital.

Risque moyen : comme un fonds commun de placement ou une action d'une grande entreprise (blue-chip).

Risque élevé : des actions spéculatives.

Chapitre Six. Actions.

Qu'est-ce qu'une action ? (aussi appelé avoir une participation dans une entreprise)

Une action représente la propriété d'une fraction d'une société.

Par exemple, vous pouvez détenir des actions de la Banque Royale, Dollarama, Pepsi, Starbucks, Apple, Tesla, McDonald's, pour n'en nommer que quelques-unes (ce ne sont pas des recommandations, juste des exemples). Ces entreprises sont publiques, et leurs actions peuvent être achetées et vendues sur des marchés boursiers comme la Bourse de Toronto (TSX) au Canada ou le NYSE aux États-Unis.

Comme je l'ai mentionné, à 12 ans, j'étais intrigué par la bourse, surtout par les histoires de personnes ayant accumulé une immense richesse grâce à elle. (À l'époque, c'était l'histoire de Pepsi, aujourd'hui ce sont celles d'Apple ou de Tesla. Des personnes ont bâti une fortune en prenant un risque sur une action en laquelle elles croyaient.)

Bien sûr, je ne recommanderais jamais d'investir tout votre argent dans une seule action.

J'avais 12 ans et je voulais acheter quelque chose, n'importe quoi. Je pensais déjà en mode "acheter et conserver", (buy and hold) même à cet âge-là.

On m'avait dit que seuls les adultes pouvaient investir et que seuls les riches avaient accès aux conseillers en placement. (À l'époque, il n'y avait pas d'applications, donc pour moi, c'était quelque chose d'inaccessible.)

Quand j'étais au collège, certains gars de ma classe semblaient devenir riches grâce à une action appelée Bre-X. (Riches sur le papier, bien sûr.) Cette action semblait grimper à un rythme incroyable. Ils arrivaient en cours chaque jour en se vantant de la hausse du titre.

Finalement, il s'est avéré que Bre-X était une arnaque. (Et je crois qu'ils ont perdu tout leur argent.)

J'étais curieuse :

- Comment ont-ils pu acheter des actions ?
- Connaissaient-ils personnellement un conseiller en placement ?
- Et si oui, pourquoi ce conseiller les a-t-il laissés acheter quelque chose d'aussi spéculatif ?
- Qui leur a conseillé d'acheter cette action ?
- Et pourquoi n'ont-ils pas vendu quand ça montait ? (Autant faire un profit rapide, puisque c'était purement spéculatif, et non une action à acheter pour du long terme.)

Maintenant que je travaille dans ce domaine depuis plus de 19 ans, j'espère que ces gars-là n'ont pas été découragés par l'idée d'investir. Acheter une action spéculative représente un énorme risque, et miser tout son argent sur quelque chose d'aussi incertain, c'est du jeu.

Comment, quand et où acheter des actions ?

Les actions peuvent être achetées par l'intermédiaire d'un conseiller en placement dans une société de valeurs mobilières ou tout simplement via une application de courtage. (Vive la technologie !) Les conseillers en placement possèdent des licences pour négocier des titres, les cours obtenues auprès du CSI (Canadian Securities Institute) au Canada.

La Bourse de Toronto (TSX) au Canada (ainsi que le NYSE et le NASDAQ aux États-Unis) sont ouverts de 9 h 30 à 16 h (heure de l'Est).

Vous pouvez acheter/vendre une action "au marché", ce qui signifie que vous obtiendrez le prix en cours au moment de la transaction.

Si le volume de transactions est faible (ce qui signifie que le prix peut fortement fluctuer), vous pourriez vouloir contrôler votre prix d'achat/vente en entrant un prix spécifique.

Déterminez l'action que vous souhaitez acheter et son prix actuel. Par exemple, si chaque action coûte 1 000 $ et que vous avez 1 000 $ à investir, vous ne pourrez acheter qu'une seule action (sans compter les frais de commission).

Si vous avez un conseiller en placement, demandez-lui simplement d'acheter l'action qui vous intéresse. Il y aura alors une discussion sur la pertinence de cette action dans votre portefeuille.

Pourquoi acheter des actions ?

Comme nous l'avons vu dans les chapitres précédents, laisser votre argent non investi ne vous protège pas de l'inflation. Investir dans des CPG sans risque ne vous offrira peut-être pas les rendements nécessaires pour bâtir un fonds de retraite.

Votre plus grand risque n'est pas une perte à court terme ou des fluctuations mensuelles. Votre plus grand risque est de ne pas accumuler assez d'argent pour la retraite.

Il y aura toujours des histoires de personnes ayant perdu de l'argent en Bourse, mais la leçon à retenir n'est pas que l'investissement est trop risqué. Vous devez comprendre la différence entre spéculer et investir.

Spéculer, c'est :

- Écouter votre beau-frère qui dit avoir reçu un tuyau d'un ami sur une action qui va « exploser bientôt ».
- Acheter une *penny stock* après avoir vu une publication sur les réseaux sociaux.
- Investir dans une nouvelle cryptomonnaie qui ne cesse de monter, simplement parce que tous vos amis ont gagné de l'argent et que vous avez peur de rater l'occasion.
- Lire un article de presse intéressant sur une entreprise cotée en Bourse et penser que vous avez trouvé le prochain grand gagnant.

Le secret de l'investissement :

- Comprendre que les marchés connaissent des **fluctuations**.
- Si vos investissements vous **empêchent de dormir**, c'est que vous avez pris trop de risques.
- Construire un portefeuille ne signifie pas mettre tout votre argent en actions.
- Le *market timing* est une stratégie qui consiste à essayer de prévoir les hausses et les baisses du marché pour acheter bas et vendre haut. Le problème, c'est qu'il est presque impossible de prédire les mouvements du marché de façon constante, donc investir à long terme est généralement une meilleure approche.
- **L'allocation d'actifs** représente 96,3 % du succès à long terme dans la construction de richesse.
- L'allocation d'actifs consiste à décider combien investir en actions et en revenus fixes. (Exemple : un portefeuille 70-30 signifie 70 % en actions et 30 % en CPG ou autres placements conservateurs à revenu fixe.)
- Investissez dans des actions en lesquelles vous croyez, qui ont un avenir et un potentiel de croissance.
- Certains investisseurs choisissent uniquement des actions à **dividendes** (des entreprises qui versent des dividendes simplement pour détenir leurs actions).
- **Diversifier** signifie ne pas mettre tout son argent dans une seule action ou un seul secteur. (Exemple : avoir un portefeuille composé uniquement de valeurs technologiques comme Apple, PayPal, Google et GoDaddy ne serait pas une bonne stratégie).
- Les principaux **secteurs** boursiers sont : l'énergie, les matériaux, l'industrie, la consommation discrétionnaire, les biens de consommation de base, la santé, la finance, les technologies de l'information, les télécommunications, les services publics et l'immobilier.

Pensez aux actions que vous aimeriez détenir : Starbucks, Apple, Google, Salesforce, Banque Royale, Nike, Yahoo, Walt Disney, Procter & Gamble, Air Canada, Tesla, Zoom, Amazon, Sony, etc. (Ce n'est pas une liste de recommandations, juste des entreprises que vous connaissez.)

Si vous détenez des fonds communs de placement, ces fonds possèdent peut-être certaines de ces actions parmi leurs plus grandes positions.

Un excellent moyen d'investir en Bourse lorsque l'on a peu d'argent est d'investir dans des fonds communs de placement, ce qui sera expliqué dans le prochain chapitre.

"Ne mettez pas tous vos œufs dans le même panier" ne signifie <u>PAS</u> ouvrir plusieurs comptes dans des institutions différentes !

Chapitre Sept.
Fonds communs de placement.

Qu'est-ce qu'un fonds commun de placement ?

- C'est un outil d'investissement.
- Avec certains fonds, vous pouvez commencer à investir avec aussi peu que 25 $ par mois.
- Votre argent est mis en commun avec celui d'autres investisseurs.
  - Cet argent est géré par un gestionnaire de portefeuille.
  - Son rôle est d'investir dans des actions, CPG, obligations, etc., pour le compte de tous les investisseurs du fonds.
  - Vous détenez des parts du fonds commun, et non directement les actions des entreprises dans lesquelles il investit.
- Le nom du fonds commun indique le type d'investissements qu'il contient.

Exemples :

Un fonds commun de ***dividendes canadiens*** investira dans des entreprises canadiennes qui versent des dividendes.

Un fonds de ***croissance américain*** investira dans des entreprises américaines à fort potentiel de croissance (l'accent est mis sur la croissance et non sur les dividendes).

Un fonds ***obligataire canadien*** sera composé d'investissements conservateurs en obligations.

- Vous pouvez acheter/vendre à tout moment (le règlement prend 1 jour).
- Le fonds peut être à faible, moyen ou haut risque.
- Il vous permet d'investir avec de petits montants.
- Les banques et autres institutions financières proposent des fonds communs de placement.
- Peut être détenu dans tout type de compte : REER, CELI, compte non enregistré, REEE, CRI, etc.

Vous pouvez lire le document du fonds commun de placement, appelé "aperçu du fonds", pour connaître les informations suivantes :

- Date de création du fonds
- Montant total des actifs investis dans le fonds
- Montant minimum requis pour investir (certains fonds exigent 500$, 1 000 $, etc.)
- Les dix plus grandes positions du fonds
- Répartition des investissements (par secteur)
- Cote de risque du fonds
- Rendements actuels et des années précédentes
- Nom du gestionnaire de portefeuille

C'est un MYTHE que pour devenir riche, vous devez investir uniquement dans des actions individuelles.

Les **fonds communs** investissent dans des actions, donc techniquement les gens ont raison.

Mais VOUS n'êtes pas obligé d'investir UNIQUEMENT dans des actions si vous voulez créer de la richesse. Les fonds communs sont un excellent moyen de commencer. Une fois que vous atteignez un certain niveau de richesse, disons 150 000 $ ou plus d'argent investi, la diversification devient importante.

Pourquoi ne pas rester dans les fonds communs de placement, peu importe combien d'argent vous avez ?

Parce que,

• Si vous avez beaucoup d'argent et investissez dans 20 à 30 fonds communs de placement différents, CHAQUE fonds pourrait investir dans les mêmes actions.

Regardez 10 fonds américains différents, ils détiennent probablement tous les mêmes 10 premières actions, comme Amazon, Tesla, Microsoft? (juste une liste, pas une recommandation)

• La diversification n'est alors pas atteinte.

• Les personnes fortunés font souvent affaire avec un conseiller en placements, CIM, et détiennent une combinaison d'actions, d'obligations et de fonds communs de placement.

Ce que l'on voit souvent, c'est qu'ils détiennent des actions canadiennes et américaines, mais des fonds communs de placement qui investissent à l'échelle mondiale.

• Ne laissez personne vous dire que les fonds communs de placement ne sont pas bons.

• Une fois que vous avez suffisamment de richesse, parlez à un conseiller pour passer aux actions individuelles.

Autres conseils :

• La plupart des banques, au Canada, ont leurs propres fonds communs de placement qu'elles vous proposeront dans vos comptes chez elles.

• Le conseiller, à la banque, ne sait souvent pas plus sur les investissements que ce qu'ils ont dans leur entreprise.

    ☐   Ils ne sont pas autorisés à négocier des actions ou des ETF, et la banque ne peut pas vous offrir cela.

• Le conseiller vous fera remplir un questionnaire de profil de risque pour voir quel niveau de risque vous êtes prêt à prendre. C'est une partie délicate. Le questionnaire est utile, mais il est également important d'avoir une discussion. Si vous craignez trop le risque, votre profil sera conservateur. Un profil conservateur génère normalement environ 2 % de rendements. Est-ce vraiment ce que vous voulez ? Disons que vous avez 20 ans avant la retraite, voulez-vous que votre argent reste le même ? (2 % de rendement, mais il y a une inflation de 2 %, donc pas de croissance, vraiment). Je ne vous dis pas de choisir une croissance agressive, je vous dis juste d'avoir une conversation logique sur votre horizon temporel (dans combien d'années aurez-vous besoin de cet argent).

Chapitre Huit.
Revenu Fixe.

Pour comprendre le terme "Revenu Fixe", pensez-y de cette manière.

• C'est lorsque nous prêtons de l'argent à une banque, une entreprise ou une municipalité.

• Nous savons exactement combien d'intérêt, ou de revenu, nous allons recevoir.

• Le taux d'intérêt est fixe au moment de l'achat.

• La durée est fixe au moment de l'achat.

Les plus courants que l'on voit au Canada sont :

• CPG (Certificat de Placement Garantie)

• Marché monétaire

• Obligations

Voici les détails des CPG :

• Le principal est protégé.

    ☐   La protection provient de la SADC : *Société d'assurance-dépôts du Canada*, jusqu'à 100 000 $ par titre.

• Il y a un montant minimum d'investissement (certains commencent à partir de 500 $).

• Durée :

    ☐   votre argent est verrouillé pendant la durée du terme.

    ☐   à moins qu'il ne s'agisse d'un CPG rachetable.

    ☐   Les termes peuvent varier de quelques mois à plusieurs années.

    ☐   Les plus populaires sont de 1, 2, 3, 4 et 5 ans.

• Taux d'intérêt. Les taux varient en fonction de plusieurs facteurs. Comme nous l'avons vu depuis la pandémie, les taux d'intérêt ont augmenté.

• Types de CPG : rachetables et non rachetables. Il pourrait y en avoir d'autres, comme des CPG en devises étrangères.

• Les avantages incluent la sécurité.

• Les inconvénients incluent le fait que l'argent peut être verrouillé, ce que vous saviez en y entrant, mais vous pourriez avoir un besoin soudain d'argent. Et la possibilité de taux d'intérêt faibles qui ne couvrent même pas l'inflation.

• Vous pouvez détenir des CPG dans tous types de comptes (dépendamment de l'endroit où se trouvent vos comptes).

• Un *conseiller en placements* à accès à de nombreux types différents.

• Les banques offrent uniquement leurs propres CPG.

Voici les détails du marché monétaire :

• Parfait pour les investissements à court terme.

• Très liquide.

• Beaucoup considèrent le marché monétaire comme extraordinairement sûr.

• Transactions en T+1 (cela signifie que si je vends aujourd'hui, l'argent est disponible demain)

• Ce n'est pas un compte-chèques ou un compte d'épargne ; c'est un fonds commun de placement.

Voici les détails d'une obligation :

• Similaire à un CPG

• Le prix initial de la plupart des obligations est fixé à la valeur nominale avec des incréments de 1000 $.

• Le prix du marché réel, ou ce que vous payez réellement pour l'obligation, dépend de plusieurs facteurs :

   o L'environnement actuel des taux d'intérêt. Si les taux d'intérêt augmentent sur le marché, la valeur de votre obligation actuelle diminuera.

   o La qualité de crédit de l'émetteur.

• La valeur de marché de votre obligation fluctuera, et vous pourriez la remarquer sur votre relevé de compte. La valeur de marché vous montre combien vous pourriez obtenir pour elle si vous la vendiez, mais ne représente pas l'argent que vous recevrez à l'échéance.

• Le taux du coupon est affecté par les taux actuels, mais il est également corrélé à la cote de crédit de l'émetteur. Si l'émetteur a une mauvaise cote de crédit, il devra offrir un taux d'intérêt plus élevé pour attirer les investisseurs.

• Les dates des coupons sont les dates auxquelles l'émetteur de l'obligation effectuera des paiements.

• La date d'échéance est la date à laquelle l'obligation arrive à échéance et vous recevrez la valeur nominale de l'obligation. (Ainsi, si vous achetez l'obligation EN DESSOUS de la valeur, vous ne récupérerez pas ce que vous avez payé, mais vous récupérerez la valeur nominale. Cela signifie que si vous avez acheté une obligation à 990 $, mais que sa valeur faciale est de 1000 $, vous recevrez 1000 $ à l'échéance.)

• Les cotes de crédit sont importantes à comprendre, car vous ne choisissez PAS une obligation uniquement en fonction du taux d'intérêt.

> o Il existe 3 principales agences de notation américaines qui évaluent la solvabilité des obligations : Moody's, S&P et Fitch.
> o Au Canada, il y a Morningstar DBRS.
> o Un exemple de notation, de la MEILLEURE à la « catégorie non-investissable » : AAA, AA+, AA, AA-, A+, A, A-, BBB+, BBB, BBB- ...... D

Étant donné que les obligations sont un peu compliquées à comprendre, j'ai personnellement vu plus de personnes acheter des CPG. (Vous savez exactement la date d'échéance et le taux d'intérêt au moment de l'achat).

Chapitre Neuf.
Comptes enregistrés.

(REER, CELI, etc)

Je vais vous donner les informations de base sur les comptes enregistrés. Ne laissez personne vous dire qu'un type de compte est meilleur qu'un autre. Ils sont tous utiles. Lorsque je parle à un client, j'analyse sa situation et j'élabore un plan basé sur sa situation. Parfois, nous suggérons le CELI plutôt que le REER, cela ne signifie PAS que vous devez aller dire à votre sœur que c'est la meilleure solution pour elle.

Les comptes enregistrés bénéficient du statut de report d'impôt ou d'abri fiscal accordé par le gouvernement. Le gouvernement suit vos cotisations, retraits, et fixe les règles et règlements que les institutions financières doivent respecter.

- REER : Régime enregistré d'épargne-retraite
- CRI : Compte de retraite immobilisé
- CELI : Compte d'épargne libre d'impôt
- REEE : Régime enregistré d'épargne-études
- CELIAPP : compte épargne libre d'impôt pour l'achat d'une première propriété.
- RRI : Régime de retraite individuel
- FERR : Fonds enregistré de revenu de retraite
- FRV : Fonds de revenu viager
- REEI : Régime enregistré d'épargne-invalidité

Un compte **non enregistré**, ou compte en espèces, est un compte entièrement imposable, vous paierez des impôts sur les revenus d'intérêts, les dividendes ou les gains en capital. Vous pouvez détenir des **actions cotées en cents**, « penny stocks » dans un compte non enregistré, mais pas dans des comptes enregistrés.

REER

Ouverture du REER:

- Vous pouvez ouvrir un REER auprès d'une institution financière, comme une banque, une caisse populaire ou une compagnie d'assurance.
    - L'investissement que vous détenez à l'intérieur dépendra ENTIÈREMENT de ce que cette institution est autorisée à offrir.
- Une compagnie d'assurance vous proposera des fonds distincts (similaires aux fonds communs de placement, mais avec des MER plus élevés et une certaine garantie en cas de décès et/ou de maturité).
- Un compte auprès d'une société de placement vous permettra de détenir des actions, des FNB, des fonds communs de placement, etc.
- Vous pouvez ouvrir un REER ordinaire ou un REER au nom de votre conjoint(e).
    - Un REER au nom du conjoint signifie que vous êtes le propriétaire du REER, le contributeur est votre conjoint(e), et les reçus fiscaux sont envoyés à votre conjoint(e). Il y a une conséquence fiscale pour le conjoint si un retrait est effectué dans les 2 ans suivant la contribution.
- Depuis la COVID, de nombreuses entreprises ont facilité l'ouverture de comptes en ligne, par rendez-vous virtuels, et même en utilisant des signatures électroniques.

Contribuer au REER :

• La plupart des entreprises permettent que les contributions soient prélevées directement de votre compte bancaire, avec des options hebdomadaires, mensuelles ou bi-hebdomadaires.
• Les achats automatiques de fonds communs de placement (souvent appelés PAC) peuvent souvent être faits à partir de seulement 25 $ par mois. (25 $ par mois n'est pas suffisant pour accumuler de la richesse, mais c'est un début.)
• Les contributions peuvent être régulières ou au nom du conjoint. (Cela signifie que si vous contribuez au REER de votre conjoint(e), vous obtenez le reçu fiscal, mais le compte est à son nom.)
• Si vous êtes un immigrant, vous pouvez commencer à contribuer à un REER l'année suivant votre première déclaration de revenus. (et bien sûr, vérifiez cette information avec un comptable ou directement avec l'Agence du revenu du Canada.)
• Le montant de la contribution de chacun est différent et se calcule comme suit :
> o La portion non utilisée de l'année précédente
> o Plus 18 % de votre revenu gagné pour l'année précédente.
> o (Mais ne dépassez pas le maximum annuel. Le plafond annuel pour 2023 est de 30 780 $.)
> o Il y a aussi un calcul prenant en compte votre ajustement de pension, plus toute annulation d'ajustement de pension, moins l'ajustement de pension pour service passé net.
> o La meilleure façon de savoir où vous en êtes est de consulter le site Web de l'Agence du revenu du Canada. Si vous avez un REER de groupe ou un régime de retraite, sachez que vous ne pourrez peut-être pas contribuer 18 % dans un REER individuel.
• Les contributions excédentaires sont pénalisées à 1 % par mois.
• Très important : si vous êtes entrepreneur et vous vous versez des dividendes, cela ne vous donne PAS de droit de contribution au REER.

• Techniquement, si vous travaillez (un travail déclaré légalement), vous pouvez ouvrir un REER, mais je n'ai jamais vu un jeune de 16 ans ouvrir un REER. Toute personne de moins de 18 ans ne peut pas investir. (Donc, si vous êtes en mesure d'ouvrir un compte pour un jeune de 16 ans, le compte restera en espèces... ? Encore une fois, je n'ai jamais vu cela et je ne le recommanderais pas nécessairement.)

• Les contributions à un REER sont déductibles d'impôt.

• L'ARC autorise les cotisations excédentaires jusqu'à concurrence de 2 000 $ au-dessus du plafond déductible au titre de vos REER.

• Vous pouvez reporter les contributions au REER que vous n'avez pas utilisés (cela signifie que vous contribuez, investissez, mais que vous utilisez la déduction plus tard lorsque vos revenus sont plus élevés et que vous avez besoin de plus de déductions).

• Vous ne pouvez pas utiliser une déduction fiscale pour :

  o Les pertes en capital.

  o Les frais administratifs ou les frais de courtage. (Si le conseiller vous dit de payer les frais à partir d'un compte non enregistré pour pouvoir les déduire, FUYEZ. C'est une fausse information et de nombreuses personnes se sont fait avoir il y a environ 15 ans en faisant cela. Donc, si le conseiller dit cela, c'est qu'il n'a pas suivi l'évolution de la réglementation.)

  o Les intérêts que vous avez payés sur de l'argent emprunté pour contribuer.

  o Les contributions de l'employeur.

• Qu'est-ce qui ne compte pas comme une contribution ?

  o Si vous avez de l'argent dans le REER et que vous décidez d'investir. Investir ou rééquilibrer un compte REER n'est pas une nouvelle contribution.

  o Un transfert d'un REER vers un autre REER.

  o Lorsque vous mettez de l'argent dans votre REER pour rembourser votre **régime d'accession à la propriété (RAP)** ou votre **Régime d'encouragement à l'éducation permanente.**

Transfert vers une autre institution :

• Vous ne pouvez pas simplement retirer votre REER pour ensuite le déposer dans une autre société. Soyez prudent lorsque vous demandez à une société d'effectuer un transfert. Un transfert est facile, sans conséquence fiscale. Certains ont fait l'erreur de demander un "retrait". Assurez-vous d'utiliser le bon terme. Un retrait a des conséquences fiscales (comme mentionné ci-dessous).

• Si vous souhaitez transférer vers une autre société, il existe un formulaire à remplir et à signer auprès de l'institution qui recevra le compte. Ils se chargeront du transfert.

• La plupart des sociétés facturent des frais pour le transfert d'un REER. Les frais peuvent varier de 50 $ à 200 $ par compte.

• Parfois, il est difficile de transférer en raison de la manière dont le compte est investi. Si vous tentez de transférer un REER contenant des actions vers une banque, vous ne pourrez pas le faire sans vendre.

• Certains conseillers investissent dans des fonds qui imposent des frais si vous les vendez trop tôt. Cela inclut les fonds distincts et les fonds communs de placement avec des frais de vente différés. Les conseillers utilisent ces fonds parce qu'ils gagnent plus d'argent avec eux, ou c'est un moyen de maintenir le client "piégé" avec vous. Nous ne sommes plus autorisés à vendre des fonds avec des frais de vente différés (FSD), mais je les vois encore dans les relevés de comptes des gens. Par conséquent, si vous souhaitez transférer votre compte d'un agent d'assurance (qui ne propose que des fonds distincts) vers un conseiller en placements, il pourrait y avoir des fonds ayant des frais à payer pour sortir.

Effectuer des retraits sans impôt

Un REER est un excellent outil pour économiser en vue de la retraite. L'argent vous offre une déduction fiscale et il croît à l'abri de l'impôt jusqu'à la retraite.
Cependant, vous pouvez retirer de l'argent sans conséquences fiscales pour :

> • L'achat de votre première maison, avec le Régime d'Accession à la Propriété (RAP)
> • La formation à temps plein pour vous ou votre conjoint(e), avec le Régime d'encouragement à l'éducation permanente.

Régime d'Accession à la Propriété (RAP)

- Ne l'utilisez PAS pour acheter un investissement immobilier. Vous pouvez mentir et vous en sortir au début, mais le gouvernement vérifie.
- Il y a un formulaire à remplir et à signer, une fois que vous connaissez l'adresse de la maison que vous achetez. Ne mentez pas sur le formulaire. Si vous ne remplissez pas les critères, passez à autre chose.
- C'est pour l'achat de votre première maison.
- Si vous avez eu une maison dans le passé, mais que vous avez ensuite déménagé dans un logement locatif pendant au moins 4 ans, vous pourriez être admissible. (tant que vous n'avez pas de solde RAP de la maison précédente).
- Tout ce que vous avez à faire est de dire à votre conseiller que vous allez bientôt acheter une maison et que vous ferez un retrait de REER via le Régime d'Accession à la Propriété (RAP). Ne leur dites PAS à la dernière minute. Certaines sociétés exigent un préavis de 30 jours. La contribution au REER doit être dans le compte depuis au moins 90 jours pour pouvoir être retirée.

- Vous pouvez retirer jusqu'à 60 000 $ de votre REER.
- Vous avez 15 ans pour le rembourser, sans intérêt. Faites attention à combien vous retirez, car il pourrait être difficile de le rembourser.
- Le remboursement est simple, il suffit de déposer de l'argent dans votre REER. Lors de la période fiscale, décidez combien constitue une contribution régulière et combien de ce montant sert à rembourser le RAP.
- Il y a beaucoup plus de détails à connaître sur le RAP, et le meilleur moyen est de consulter la page sur le site web de l'Agence du revenu du Canada.

Régime d'encouragement à l'éducation permanente

Personnellement, je n'ai jamais été sollicité par un client pour faire cela.

• Il vous permet de retirer jusqu'à 10 000 $ par année civile pour financer une formation à temps plein. Jusqu'à 20 000 $ (soit 2 années civiles).

• Pour vous ou votre conjoint(e), vous ne pouvez pas retirer d'argent pour l'éducation de vos enfants.

• Le programme éducatif doit être approuvé par l'ARC.

• Vous avez 10 ans pour rembourser.

• Si vous devenez non-résident ou atteignez 71 ans, vous devez rembourser plus rapidement.

• Ceci est l'information de base, et bien sûr, il y a plus de détails sur le site web de l'ARC.

Effectuer des retraits imposables

Il est possible de retirer de l'argent en cas d'urgence, mais cela sera soumis à l'impôt lors du retrait ET sera inclus dans votre revenu annuel.

Les taux d'imposition sont les suivants, par exemple : (au Québec, les taux d'imposition sont différents)

• 10 % sur les montants jusqu'à 5 000 $
• 20 % sur les montants de 5 000 $ et plus, jusqu'à 15 000 $ inclusivement
• 30 % sur les montants supérieurs à 15 000 $

Les impôts retenus à la source pourraient ne pas être suffisants. Selon votre tranche d'imposition, vous pourriez devoir payer plus d'impôt sur le retrait lorsque vous l'incluez dans votre déclaration de revenus.

Que se passe-t-il à la retraite ?

- Ne confondez pas VOTRE jour de retraite et la maturité du REER.
- À moins que vous ne le disiez à votre conseiller, il ne saura pas quand commencer à vous verser un revenu de retraite à partir du REER.
- Un conseiller en placements fait bien plus que d'investir dans des actions pour vous. L'une des choses que nous faisons est de planifier votre retraite et d'examiner les implications fiscales liées aux retraits de vos différents types de comptes. Une discussion est nécessaire concernant votre REER.
- Le REER DOIT être converti ou retiré avant le 31 décembre de l'année où vous avez 71 ans, et voici vos options : **retirer la totalité, acheter une rente, ou convertir en FERR.**

Retirer la totalité en un montant forfaitaire. Cela n'est pas recommandé, sauf s'il s'agit d'un petit compte. Ce montant est ajouté à votre revenu annuel pour l'année du retrait. Pour la plupart des gens ayant accumulé de la richesse, ce n'est même pas une option qu'ils envisageront.

Acheter une rente.

- C'est un produit financier qui procure un revenu régulier garanti.
- Vous pouvez utiliser une partie de votre REER seulement. Vous pouvez aussi acheter une rente avec des liquidités hors REER.
- Avec les taux d'intérêt actuels, je n'ai pas vendu de rentes depuis plusieurs années.
- Les rentes peuvent offrir un revenu garanti à vie ou pour une période spécifique. Les détails des rentes sont variés, vous devriez en discuter avec un conseiller.
- Le revenu est imposable.
- Les inconvénients sont :
  - Vous n'avez PAS le contrôle de vos investissements.
  - Si vous avez des investissements que vous avez détenus toute votre vie dans le REER, vous ne pouvez pas les transférer vers la rente. Tout sera vendu..
  - En fonction de la rente que vous choisissez, certains paiements de rente S'ARRÊTENT si vous décédez. Le solde n'est pas versé à vos bénéficiaires. (Contrairement au FERR).
  - Les options supplémentaires, tel qu'une garantie de paiement à vos héritiers, réduisent le montant des paiements réguliers.

Convertir votre REER en FERR

C'est l'option la plus populaire.

• Vous convertissez l'année que vous souhaitez. L'année suivante, vous commencez à recevoir des paiements, avec un minimum qui DOIT être retiré.
• Il y a un montant minimum à retirer chaque année, mais pas de maximum.
• Les paiements sont imposables.
• Le minimum est basé sur un ratio établi par Revenu Canada. Il dépend de votre âge et de la valeur marchande de votre compte au 31 décembre de l'année précédente. Cela signifie que vos paiements minimums varient d'une année à l'autre.
• Vous pouvez demander à votre conseiller de vous donner un montant spécifique par mois. La plupart des conseillers peuvent effectuer des paiements au besoin, ainsi que des paiements automatiques trimestriels et annuels.
• Les paiements peuvent être envoyés directement sur votre compte bancaire, ou bien être conservés par le conseiller dans un autre compte, comme le CELI.
• Pour les personnes fortunées qui n'ont pas besoin/qui ne veulent pas de leurs paiements minimums, elles demandent à leurs conseillers de les transférer vers leur CELI. (Le paiement du FERR vers le compte non enregistré, puis contribué au CELI). En ne dépassant pas le maximum du CELI, bien sûr.

Que se passe-t-il au moment du décès?

- Si le défunt avait fait un RAP et avait un solde restant à payer, celui-ci sera inclus comme revenu dans la déclaration pour l'année de son décès.
- Si le défunt était participant au REEP (Régime d'encouragement à l'éducation permanente) et avait un solde restant à payer, il pourrait être inclus comme revenu dans la déclaration de revenus pour l'année de son décès. Il est aussi possible que le conjoint survivant continue de faire les remboursements. (Vous devriez consulter votre comptable pour ce choix.)
- Si le conjoint est désigné bénéficiaire du REER ou FERR, celui-ci sera transféré au conjoint sans implications fiscales. Lorsque le conjoint commencera à recevoir des paiements du FERR, cela sera inclus dans son revenu annuel.
- Si le bénéficiaire du REER/FERR n'est pas le conjoint, la valeur marchande du compte sera incluse dans le revenu du rentier décédé pour l'année du décès.
- Règle générale : le jour de votre décès est considéré comme le jour où vous avez vendu tous vos actifs.
- Discutez-en avec votre conseiller.

Soyez vigilant face aux **arnaques** liées aux REER.

Certaines personnes ont été approchées avec cette arnaque. Si Revenu Canada en parle sur son site web, c'est parce que c'est assez courant.

• Le système propose des rendements incroyables qui semblent trop beaux pour être vrais.
• Il propose parfois des paiements mensuels « garantis ».
• Ils vous conseillent de retirer votre REER et de ne pas prêter attention aux impôts sur le revenu retenu, car vous les récupérerez de leur part.
• Ils promettent des reçus fiscaux qui fourniront des déductions de trois fois ou plus le montant contribué à un REER.
• La raison pour laquelle ces arnaques fonctionnent est que les premières personnes à mordre à l'hameçon reçoivent vraiment de gros paiements mensuels, et ensuite elles en parlent à leurs amis. Une fois qu'ils découvrent que c'est une arnaque, leur argent est parti.
• Protégez-vous en vérifiant leurs licences professionnelles.
• Effectuez une recherche Google sur le nom de la personne pour voir si des amendes ou des accusations de fraude apparaissent.

CRI: Compte de retraite immobilisé

Un CRI est simplement :

• Si vous avez un régime de pension par l'intermédiaire de votre employeur et que vous quittez votre emploi, vous devrez décider quoi faire de votre pension. L'une de vos options pourrait être de la transférer dans un CRI.
• Il est immobilisé, ce qui signifie que vous ne pouvez pas retirer d'argent avant d'avoir atteint un certain âge.
• Puisque le compte provient d'un régime de pension, vous ne pouvez pas y cotiser.

CELI

Le CELI est apparu en 2009 avec un droit de cotisation de 5000 $ et nous savions que cela serait assez intéressant.

Voici les détails d'un CELI:

- CELI signifie Compte d'épargne libre d'impôt.
- Tous les détenteurs de CELI ont le même droit de cotisation annuelle.
- Vous avez droit à la cotisation à partir de l'année où vous avez 18 ans.
- C'est un type de compte, pas un investissement. Ne demandez pas « *quel CELI offre la meilleure performance* ». Un compte n'a pas de performance, ce sont les investissements qui en ont.
- Ce que vous pouvez détenir dans un CELI dépend entièrement de l'endroit où il est ouvert (comme le REER et les autres comptes).
- Vous pouvez retirer autant que vous le souhaitez.
- Vous pouvez déposer le maximum chaque année, plus les retraits que vous avez effectués l'année précédente.
- C'est véritablement sans impôt. Aucun impôt sur le revenu n'est payé sur la croissance du compte, ni au moment du retrait.
- Il ne vous donne pas de déduction fiscale.
- Le droit de cotisation est cumulatif. Vous pouvez ouvrir un CELI en 2025 et cotiser rétroactivement depuis 2009. (si vous aviez 18 ans en 2009).
- Les cotisations en excédent ont une pénalité de 1% par mois.

CELIAPP

Compte d'épargne libre d'impôt pour l'achat d'une première propriété

- Vous devez avoir 18 ans et moins de 71 ans, et être résident canadien.
- Le droit de cotisation est de 8000 $ par an, et un montant à vie de 40 000 $.
  - L'impôt est de 1 % par mois pour les cotisations excédentaires
- Votre droit de cotisation commence l'année où vous ouvrez le compte.
  - Il y a une question sur l'impôt fédéral si vous avez ouvert le CELIAPP l'année précédente.
- Les règles sont similaires au RAP :
  - Vous pouvez retirer le CELIAPP au complet pour l'achat d'une maison.
  - Vous ne devez pas actuellement vivre dans une maison admissible, ni cette année civile ni dans les 4 années précédentes.
  - Après le retrait pour l'achat de la maison, le compte doit être fermé.
  - Il y a un formulaire à remplir pour le retrait.
  - Ne dites pas à votre conseiller à la dernière minute.
  - Il y a d'autres règles à suivre. Consultez le site de l'ARC.

- Semblable à d'autres types de comptes, vous pouvez en ouvrir plusieurs, mais ne dépassez pas votre droit de cotisation.
- Vous ne pouvez pas cotiser dans le CELIAPP d'une autre personne.
- Les cotisations donnent droit à une déduction fiscale, comme le REER.

- Il y a une période de participation maximale : le 15e anniversaire de l'ouverture de votre premier CELIAPP et/ou l'année où vous avez 71 ans. Cela signifie que vous avez 15 ans pour acheter une maison en utilisant le CELIAPP.
- Avant la fin de votre plan, dont le 31 décembre de l'année du 15ieme anniversaire de l'ouverture du compte, vous pouvez transférer vers un REER.
  - Un montant transféré directement de vos CELIAPP à vos REER ou vos FERR n'aura pas d'incidence sur vos déductions inutilisées au titre des REER.

RRI

Si vous êtes entrepreneur, ces informations sont importantes à connaître sur le **régime de retraite individuel**.

• C'est un régime de pension à prestations déterminées pour une seule personne.

• Le RRI est idéal pour l'entrepreneur âgé de 45 à 65 ans.

• C'est la société qui fait les cotisations à votre régime et bénéficie d'une déduction fiscale pour cela.

• La société peut également déduire les intérêts sur les fonds empruntés, les frais actuariels, les frais comptables et même les frais de conseil en investissement payés.

• Il garantit un revenu de retraite.

• Le RRI a une limite de cotisation plus élevée que le REER.

• Idéal pour les propriétaires d'entreprises qui se versent un salaire d'au moins 120 000 $ et qui ont maximisé leur REER.

• Les actifs du RRI sont généralement protégés des créanciers.

• Puisqu'il s'agit d'un régime à prestations déterminées, la société peut compléter les cotisations si les rendements des investissements ne sont pas suffisamment élevés pour financer les prestations promises.

• La société peut également faire une contribution forfaitaire pour les services passés.

• Les revenus du RRI sont admissibles au fractionnement de revenu avec votre conjoint.

• Les inconvénients d'un RRI

    o Il y a des coûts pour la mise en place et des frais actuariels annuels continus.

    o Il y a des restrictions de retrait, les fonds sont immobilisés jusqu'à la retraite.

    o Aucune cotisation conjointe n'est permise.

FERR

Un fonds enregistré de revenue de retraite. Les informations données ci-dessus dans la section REER. Un FERR provient du REER qui a maturé.

FRV

Fonds de revenu viager. Un FRV est similaire à un FERR à tous égards, sauf qu'il a un montant annuel maximum, ce qui signifie que vous ne pouvez pas retirer plus que ce que le gouvernement autorise.

REEE

Le prochain chapitre parle uniquement des REEE.

REEI

Régime enregistré d'épargne-invalidité.

Un plan d'épargne pour aider une personne approuvée pour recevoir le **crédit d'impôt pour personnes handicapées** (CIPH) à économiser pour sa sécurité financière à long terme.

• Les cotisations ne sont pas déductibles d'impôt et peuvent être effectuées jusqu'à ce que le bénéficiaire atteigne 59 ans.
• Lors du retrait du plan, votre capital (cotisations) n'est pas inclus comme revenu pour le bénéficiaire, mais la subvention, l'obligation et les revenus d'investissement le sont.
• Vous ne pouvez avoir qu'UN SEUL plan à tout moment.
• N'importe qui peut contribuer à un REEI, avec l'autorisation du titulaire du compte.
• Pas de limite de cotisation annuelle, mais un plafond à vie de 200 000$.
• Votre REER peut être transféré au décès à votre enfant ou petit-enfant financièrement dépendant, vers leur REEI. Le montant maximum du transfert est de 200 000 $.
• Si le REEI reçoit un transfert d'un REER, ce montant n'est pas admissible à la subvention.
• Les nouvelles cotisations ne sont pas autorisées si le bénéficiaire n'est plus approuvé pour le CIPH.

• Les montants provenant du REER, du FERR, du RPA, du RPAC ou du REER collectif d'un parent ou grand-parent décédé, dont le bénéficiaire était financièrement dépendant, peuvent être transférés dans le REEI, à condition que le transfert soit effectué avant la fin de la cinquième année fiscale pendant laquelle le bénéficiaire n'est plus admissible au CIPH.

- Le REEI doit être fermé et tous les montants restants dans le plan doivent être versés à la succession du bénéficiaire avant le 31 décembre de l'année suivant l'année civile au cours de laquelle le bénéficiaire décède.
- Un PAI est tout paiement provenant d'un REEI au bénéficiaire ou à sa succession après son décès.
- Les PVI sont des paiements d'aide à l'invalidité qui, une fois commencés, doivent être versés au moins annuellement jusqu'à ce que le plan soit terminé ou que le bénéficiaire soit décédé.

Le REEI est le type de compte le moins compris, et ce n'est pas toutes les institutions financières ne peuvent pas les ouvrir.

C'est un excellent outil si vous avez un enfant pour lequel vous recevez le CIPH et que vous êtes préoccupé par l'avenir financier. Comme pour tout autre type de compte, discutez-en avec un conseiller.

Chapitre Dix.
REEE régulier vs REEE de groupe.

J'avais environ 12 ans lorsque j'ai découvert le REEE, je suppose que c'était à l'école. Je pensais comprendre le plan, mais ensuite un gars d'un plan REEE de groupe, supposons d'Universitas, est venu chez moi et je me tenais à côté de ma mère pendant qu'il expliquait. C'était il y a plusieurs années, mais voici ce dont je me souviens que le gars disait, essayant de convaincre ma mère de s'inscrire :

• Vous cotisez, et votre argent est mis en commun avec celui d'autres parents.
• Lorsque votre fille ira à l'école postsecondaire, comme au Cégep ou à l'Université, elle recevra des paiements du plan.
• La bonne nouvelle est que, si pour son groupe d'âge, elle fait partie d'un petit groupe d'étudiants qui vont à l'école, elle recevra de l'argent qui a été cotisé par d'autres parents.

Mes pensées ?

• C'est un plan diabolique, vous profitez de l'argent durement gagné par d'autres personnes qu'ils ont cotisé pour leur PROPRE enfant.
• Vous allez espérer que beaucoup d'étudiants ne poursuivent pas leurs études postsecondaires.
• Vous souhaitez le pire cauchemar d'un parent, que leur enfant abandonne l'école.

À ce moment-là, je me souviens avoir regardé ma mère avec un regard du genre « *C'est quoi ce bordel* ? »

Depuis ce temps-là, j'ai toujours détesté ces plans et je ne comprends pas pourquoi il n'y a pas plus de poursuites et comment le gouvernement permet cela.

Si vous recherchez ces plans sur Google, vous verrez de nombreuses plaintes. Au fil des années, il y a eu de nombreux articles à propos de ce plan, y compris de CBC et Global News. Les plaintes concernent principalement les frais et la difficulté de retirer des fonds.

En 2021, le Québec a autorisé un recours collectif contre les REEE de groupe. (Cela vient du site Web de Global News.)

> Un recours collectif au Québec contre les fournisseurs de régimes enregistrés d'épargne-études de groupe (REEE de groupe) pourrait avoir des répercussions à travers le Canada.
>
> La poursuite, qui a été autorisée par la Cour supérieure du Québec le 31 mars, vise six fournisseurs de REEE de groupe, accusant que les frais de vente ou frais d'inscription qu'ils facturent au Québec sont illégaux et, dans certains cas, abusifs. L'autorisation d'un recours collectif au Québec est similaire à la certification d'un recours collectif dans d'autres provinces.
>
> Plus précisément, la poursuite cible les Canadiens C.S.T. Consultants Inc. et la Canadian Scholarship Trust Foundation ; Kaleido Growth (anciennement Universitas Management) et Kaleido Foundation (anciennement Universitas Foundation of Canada) ; Knowledge First Financial (anciennement Heritage Education Funds Inc.) et Knowledge First Foundation ; Heritage Education Funds et Heritage Educational Foundation ; Children's Education Funds Inc. et Children's Educational Foundation of Canada ; ainsi que Global RESP Corporation et Global Educational Trust Foundation.

Je vais être franchement peu professionnel maintenant, et ne pas divulguer les « avantages » d'un REEE de groupe, parce que, en ce qui me concerne, c'est le type de compte à éviter.

Ouvrez un bon vieux REEE régulier auprès de votre banque ou d'une autre institution financière en qui vous avez confiance.

Si vous AVEZ un REEE de groupe et souhaitez savoir EXACTEMENT dans quoi vous vous êtes engagé, lisons les avertissements de 100 pages et assurons-nous que vous comprenez bien.

REEE régulier, (avec une institution financière)

Régime enregistré d'épargne-études

• Économisez pour l'éducation de votre enfant après le secondaire : écoles professionnelles, Cégep, collèges, universités et programmes d'apprentissage.
• Les adultes peuvent également en ouvrir un pour eux-mêmes.
• L'institution financière fera la demande pour la Subvention canadienne pour l'épargne-études et le bon d'études canadien. La Colombie-Britannique et le Québec offrent également des incitatifs provinciaux.
• Voici quelques détails de base, vous devriez consulter le site Web du gouvernement pour obtenir des informations complètes.

Comment fonctionne un REEE

Le Bon d'études canadien (BEC): un maximum à vie, jusqu'à 2000 $ pour les familles à faible revenu.

- Aucune contribution au REEE n'est nécessaire pour obtenir le BEC. Le bénéficiaire pourrait recevoir 500 $ la première année où il est admissible, puis 100 $ supplémentaires chaque année admissible jusqu'à l'âge de 15 ans.
- Le BEC est rétroactif.
- Le bénéficiaire peut encore être admissible à le recevoir jusqu'à la veille de ses 21 ans. Consultez le site Web du gouvernement pour connaître les plafonds de revenu familial. Par exemple, les familles avec 1 à 3 enfants recevront le BEC si le revenu familial est inférieur à 53 359 $.
- Le bénéficiaire doit :
  - être résident du Canada,
  - avoir un numéro d'assurance sociale (NAS),
  - être nommé comme bénéficiaire dans un REEE, être né le 1er janvier 2004 ou après.
- Le principal responsable doit :
  - avoir produit des déclarations de revenus pour chaque année pour laquelle il souhaite demander le BEC,
  - être admissible à recevoir la Prestation canadienne pour enfants.
- Les enfants pris en charge, pour lesquels une allocation spéciale pour enfants est payable, sont également admissibles.
- Les adultes nés en 2004 ou après peuvent recevoir le Bon d'études pour eux-mêmes jusqu'à l'âge de 21 ans.

Subvention pour l'épargne-études et l'épargne-formation de la Colombie-Britannique (SEEEFCB)

- Le gouvernement de la Colombie-Britannique contribuera 1 200 $ aux enfants admissibles par le biais du SEEEFCB. Les enfants peuvent demander la subvention entre leur sixième anniversaire et la veille de leur neuvième anniversaire.
- Le parent ou le tuteur ainsi que l'enfant doivent être résidents de la Colombie-Britannique au moment de la demande et avoir un numéro d'assurance sociale valide.

Incitatif québécois à l'épargne-études (IQEE)

- A une limite maximale à vie de 3 600 $.
- Vous devez faire une contribution pour obtenir la subvention.
- Vous recevez 10 % de vos contributions annuelles.

Subvention canadienne pour l'épargne-études: a une limite maximale à vie de 7 200 $.

- Les contributions doivent être faites au REEE pour obtenir la SCEE.
- La SCEE peut ajouter un maximum de 500 $ à un REEE chaque année, et jusqu'à 100 $ supplémentaires pour les familles admissibles à revenu moyen et faible.
- Recevez jusqu'à 20 % de subvention sur les premiers 2 500 $ par an.
- Si vous ne recevez pas le montant maximum de la SCEE au cours d'une année donnée, vous pouvez toujours le recevoir dans les années futures. Vous pouvez rattraper ce montant en faisant plus de contributions au REEE.
- Vous pouvez rattraper une année à la fois.
- La SCEE est disponible jusqu'à la fin de l'année civile où le bénéficiaire atteint 17 ans.
- Le bénéficiaire :
    - Doit être résident du Canada.
    - Avoir un numéro d'assurance sociale (NAS).
    - Être nommé comme bénéficiaire dans un REEE.
- Une fois que votre enfant atteint 16 ou 17 ans, il doit être admissible à la SCEE. Il doit répondre à au moins un critère :
    - Un total d'au moins 2 000 $ a été contribué et non retiré.
    - Une contribution annuelle minimale de 100 $ et non retirée au cours des quatre dernières années.
- Il n'y a pas de limite annuelle quant au montant que vous pouvez contribuer. 2 500 $ est pour atteindre la subvention annuelle maximale, mais vous pouvez déposer plus si vous le souhaitez.
    - La limite de contribution à vie est de 50 000 $ par enfant.
- Les contributions supérieures à 50 000 $ par enfant ont une pénalité de 1 % par mois.

Ouverture d'un compte REEE:

- Vous pouvez ouvrir un plan individuel ou un plan familial.
- Vous pouvez ouvrir plus d'un compte, mais les contributions totales ne doivent pas dépasser les maximums.
- Si deux parents ouvrent chacun un compte sans le savoir, c'est le premier qui a contribué qui recevra les subventions. (par exemple, si vous contribuez 2 500 $ en janvier et que votre ex-conjoint contribue 2 500 $ en mars, vous recevrez la subvention).
- Tout adulte peut ouvrir un compte REEE pour un enfant - parents, tuteurs, grands-parents, autres membres de la famille et amis. (Si quelqu'un d'autre que les parents ouvre le REEE, le REEE pourrait faire partie de la succession de cette personne en cas de décès. Nous commençons à voir des complications avec les REEE ayant un souscripteur grand-parent). Discutez-en avec votre conseiller.
- L'institution financière a besoin d'un nom, d'une date de naissance et d'un NAS pour ouvrir le compte.
- Toutes les institutions financières n'offrent pas toutes les subventions. Si vous êtes au Québec, certains promoteurs n'offrent pas l'IQEE. Demandez avant d'ouvrir le compte.
- Vérifiez si l'institution financière :
    - Offre des plans individuels et familiaux.
    - A des frais.
    - A des minimums, par exemple 25 $ par transaction.
    - Dans quoi sera investi l'argent ?
- Le souscripteur est la personne qui ouvre le REEE.
- Vous et votre conjoint pouvez être des souscripteurs conjoints, mais attention, au moment du retrait, vous aurez besoin des deux signatures.
- Le bénéficiaire est la personne qui recevra l'argent pour payer ses études. (Dans ce cas, un bénéficiaire ne signifie pas celui qui reçoit le compte si le propriétaire décède).
- Un plan individuel est pour un bénéficiaire.

- Un plan familial peut avoir plus d'un bénéficiaire.
- L'institution financière qui ouvre le compte pour vous est appelée le promoteur.

Plan individuel : Une option si vous n'avez qu'un seul enfant ou si vous n'êtes pas lié à l'enfant pour lequel vous économisez.

- Dans ce plan, il n'y a qu'un seul bénéficiaire autorisé.

Les régimes familiaux: Nous ouvrons souvent un plan familial pour nos clients, même s'ils n'ont qu'un seul enfant, car on ne sait jamais ce que l'avenir réserve. Ajouter un bénéficiaire se fait simplement avec un formulaire, tant que cela respecte les règles :

- L'enfant doit être lié à vous par le sang ou l'adoption, et il doit : Avoir moins de 21 ans au moment où vous l'ajoutez au plan ; ou avoir été bénéficiaire d'un autre REEE familial immédiatement avant d'être ajouté à celui-ci.
- Si vous ajoutez un bénéficiaire qui n'est pas un frère ou une sœur déjà nommé(e) sur le plan, vous devrez rembourser les avantages au gouvernement.
- Les nièces, neveux, tantes, oncles et cousins ne sont pas considérés comme des parents de sang.
- L'avantage d'un plan familial est que les gains peuvent être partagés entre les enfants, et la SCEE peut être utilisée par tout bénéficiaire admissible nommé dans le REEE, jusqu'à un maximum de 7 200 $ par enfant.
- L'IQEE peut être partagée entre les bénéficiaires.

Retraits:

Il y a de nombreuses années, nous demandions des reçus pour chaque retrait. Désormais, nous demanderons une preuve des dépenses si vous demandez à retirer plus que ce que le plan permet. Gardez tous vos reçus, le gouvernement peut auditer tout retrait, quel que soit le montant retiré.

Un REEE peut être utilisé pour payer les frais de scolarité, les livres, les outils, le transport et le loyer.

Au moment du retrait, votre institution financière doit suivre les règles, et vous pourriez être pénalisé si vous ne les respectez pas.

Un REEE s'accumule au fil du temps :
- Les contributions que vous avez faites (votre capital)
- Les avantages, les subventions et les obligations.
- Les intérêts accumulés (ou la croissance)

Au moment du retrait, l'institution financière vous demandera quel type de retrait vous effectuez et pourrait exiger un formulaire et une preuve d'éducation (si votre enfant poursuit ses études postsecondaires). Il existe trois façons de retirer :
- Paiements d'aide aux études
- Retrait des contributions
- Paiement du revenu accumulé.

Paiements d'aide aux études (PAE) Un montant payé pour aider à financer les coûts de l'éducation postsecondaire.

- L'étudiant est inscrit à un programme éducatif admissible. Cela inclut les étudiants fréquentant un établissement d'enseignement postsecondaire et ceux inscrits à des cours d'enseignement à distance, tels que des cours par correspondance, fournis par ces établissements.
- L'étudiant a atteint l'âge de 16 ans et est inscrit à un programme éducatif spécifié.
- Il peut être payé au souscripteur ou au bénéficiaire.
- Imposé entre les mains du bénéficiaire, ils recevront un feuillet T4A.
- Un bénéficiaire doit être résident du Canada pour recevoir la SCEE ou le BEC dans le cadre du PAE.
- Le bénéficiaire peut recevoir des PAE jusqu'à six mois après la fin de l'inscription.
- Un programme admissible : niveau postsecondaire d'une durée d'au moins trois semaines et nécessitant que l'étudiant consacre au moins 10 heures par semaine. La liste des établissements certifiés peut être trouvée en ligne.
- Un programme éducatif spécifié au niveau postsecondaire d'une durée d'au moins trois semaines et l'étudiant consacre au moins 12 heures par mois.
- Les montants des PAE sont : les limites des PAE ont maintenant augmenté de 5 000 $ à 8 000 $ au cours des 13 premières semaines d'inscription à un programme éducatif admissible (études à temps plein), et de 2 500 $ à 4 000 $ au cours de toute période de 13 semaines pendant l'inscription à un programme éducatif spécifié (études à temps partiel) à partir du 28 mars 2023.
- En 2024, la limite annuelle des PAE est de 28 122 $.Si vous avez besoin d'un PAE plus élevé, vous pouvez contacter le **Programme canadien pour l'épargne-études** en composant le 1-888-276-3624.

Retrait de cotisations:

- Si votre enfant ne poursuit pas d'études postsecondaires, vos contributions peuvent être retournées sans impôt.
- Le paiement peut être effectué au souscripteur ou au bénéficiaire.
- Ce type de retrait ne doit être effectué que si vous êtes sûr que votre enfant ne retournera pas à l'école, car il y a des conséquences:
    - Si vous devez retirer une partie de vos contributions initiales à des fins non éducatives et qu'il n'y a aucun bénéficiaire du plan actuellement admissible à recevoir un PAE, toute SCEE que vous avez reçue pour les contributions initiales devra être remboursée au gouvernement fédéral.
- Dans un plan familial :
    - Si les contributions assistées par la SCEE sont retirées après le 22 mars 2004, tous les bénéficiaires du REEE sont inéligibles à la SCEE supplémentaire l'année du retrait et les deux années civiles suivantes.
    - Si les contributions faites avant 1998 sont retirées, tous les bénéficiaires du REEE ne sont pas admissibles à recevoir la SCEE cette année-là et pour les deux années civiles suivantes.

Étant donné que ces règles sont sujettes à changement, vous devriez vérifier le site Web du gouvernement pour toute modification.

Paiements de revenu accumulé

- Les paiements de revenu accumulé (PRA) sont des montants, généralement versés au souscripteur, provenant des revenus gagnés d'un REEE.
- Lorsque votre enfant ne poursuit pas d'études postsecondaires.
- De plus, l'une des trois conditions suivantes doit également s'appliquer :
  - Le paiement est effectué après l'année qui inclut le 9e anniversaire du REEE et chaque personne (autre qu'une personne décédée)
  - qui est ou était bénéficiaire a atteint l'âge de 21 ans
  - et n'est pas actuellement admissible à recevoir un PAE.
- Le paiement est effectué l'année qui inclut le 35e anniversaire du REEE, sauf si le REEE est un *régime déterminé* auquel cas le paiement est effectué l'année qui inclut le 40e anniversaire du REEE.
- Tous les bénéficiaires du REEE sont décédés au moment du paiement.
- Nous pouvons renoncer aux conditions du premier point s'il est raisonnable de s'attendre à ce qu'un bénéficiaire du REEE ne puisse pas poursuivre des études postsecondaires en raison d'une déficience mentale grave et prolongée. Ces demandes doivent être faites par le promoteur du REEE par écrit à l'adresse suivante :
  - Agence du revenu du Canada. **Direction des régimes enregistrés**. 875 chemin Heron. Ottawa. ON. K1A 0L5
- Un REEE doit être résilié avant la fin de février de l'année suivant l'année au cours de laquelle le premier PRA est payé.
- **Un PRA est soumis à deux impôts différents : l'impôt sur le revenu régulier et un impôt supplémentaire de 20 % (12 % pour les résidents du Québec). (voir le site Web pour plus de détails)**

Suivi : Votre conseiller peut suivre si vous ouvrez le compte avec lui et restez avec lui. C'est un peu plus difficile à faire lorsque les comptes sont transférés d'un endroit à un autre.

Transfert : les plans REEE réguliers (non les plans de groupe) vous permettent de transférer votre compte vers une autre institution de votre choix.

Roulement vers un REEI: Pour être admissible à un roulement d'épargne-études, le bénéficiaire doit répondre aux exigences d'âge et de résidence en vigueur en ce qui concerne les contributions au REEI. De plus, **l'une** des conditions suivantes doit être remplie:

• Le bénéficiaire est, ou sera, incapable de poursuivre des études postsecondaires en raison d'une déficience mentale grave et prolongée.
• Le REEE existe depuis au moins 35 ans.
• Le REEE existe depuis au moins 10 ans et chaque bénéficiaire du REEE a atteint l'âge de 21 ans et n'est pas admissible à recevoir des paiements d'aide aux études.
• Vous avez besoin du consentement du titulaire du REEI.

Lorsque vous n'êtes pas sûr de vos contributions et subventions de votre plan, vous devriez contacter le gouvernement : Numéro sans frais au Canada et aux États-Unis : 1-800-267-3100.

Chapitre onze.
Votre pension.

Au Canada, nous avons la chance d'avoir accès à une pension lorsque nous prenons notre retraite.

Lors de l'élaboration d'un plan de retraite, votre conseiller vous demandera votre relevé de pension. Le relevé montre combien vous recevrez du RRQ ou du RPC.

La pension de retraite du Régime de pensions du Canada (RPC) :
Prestation mensuelle imposable qui remplace une partie de votre revenu lorsque vous prenez votre retraite. Si vous êtes admissible, vous recevrez la pension de retraite du RPC pour le reste de votre vie.

- Le montant de chacun est différent.
- L'admissibilité au RPC est déterminée par vos cotisations au régime et votre âge.
- Pour être admissible, vous devez avoir au moins 60 ans et avoir fait au moins une cotisation valide au régime.
- Vous pouvez recevoir le RPC et continuer à travailler.
- Le revenu ne réduit pas le RPC que vous recevez, il augmente en fait si vous continuez à cotiser jusqu'à l'âge de 70 ans.
- Une fois que vous atteignez 65 ans, vous pouvez arrêter de cotiser au RPC.
  - Une fois que vous atteignez 70 ans, le paiement du RPC s'arrête, même si vous travaillez encore.
- Vous pouvez commencer à le recevoir à 60 ans, et jusqu'à 70 ans.
- Beaucoup de conseillers recommanderont d'attendre le plus longtemps possible pour le prendre.
  - Si vous commencez à le recevoir à 60 ans, le montant que vous recevrez, jusqu'à votre décès, sera *plus petit* que si vous aviez attendu jusqu'à 70 ans. Pour ceux d'entre vous qui ont une espérance de vie dans les 90 ans, il est important de considérer cela.

Votre âge affecte le montant de votre pension :

- Si vous commencez avant l'âge de 65 ans, les paiements diminueront de 0,6 % chaque mois (ou de 7,2 % par an), jusqu'à une réduction maximale de 36 % si vous commencez à l'âge de 60 ans.
- Si vous commencez après l'âge de 65 ans, les paiements augmenteront de 0,7 % chaque mois (ou de 8,4 % par an), jusqu'à une augmentation maximale de 42 % si vous commencez à l'âge de 70 ans (ou après).

Le montant que vous recevrez dépendra de plusieurs facteurs :

- L'âge auquel vous décidez de commencer votre pension.
- Combien et pendant combien de temps vous avez cotisé au RPC.
- Vos revenus moyens tout au long de votre vie professionnelle.

Vous pourriez avoir des années de revenus faibles ou nuls. Le RPC exclura jusqu'à 8 années de vos revenus les plus bas de votre historique de revenus. Cela augmentera le montant de votre pension.

- Pour 2024, le montant mensuel maximum que vous pourriez recevoir si vous commencez votre pension à l'âge de 65 ans est de 1 364,60 $. Vous pouvez obtenir une estimation via le site Web du gouvernement, et vous devriez recevoir un relevé annuel.
- Si vous avez reçu une *pension d'invalidité* du RPC :
  - Le RPC exclura ces mois lors du calcul de la composante de base de votre prestation du RPC.
  - mais inclura des crédits pour le temps où vous étiez invalide.

Le partage de pension est autorisé avec votre conjoint ou conjoint de fait.

Séparation ou divorce : Les cotisations au RPC peuvent être réparties également entre vous et votre conjoint/conjoint de fait.

La pension de survivant du RPC est un paiement mensuel versé au conjoint légal ou au conjoint de fait du cotisant décédé, et le montant que vous recevrez dépendra de :

- Si vous êtes plus jeune ou plus âgé que 65 ans.
- Combien et pendant combien de temps le cotisant décédé a cotisé au RPC.

Le Régime de rentes du Québec, RRQ

Si vous vivez au Québec, vous ne participez pas au RPC, mais au RRQ.

- C'est un régime public d'assurance obligatoire.
- Protection financière à la retraite, en cas de décès et d'invalidité.
- Les cotisants ont 18 ans et plus et ont un revenu annuel de plus de 3500 $.
- Depuis 2019, il y a eu une augmentation du taux de cotisation.
- L'employé et l'employeur paient chacun la moitié de la cotisation au Régime de rentes du Québec.
- Les travailleurs autonomes paient la totalité de la cotisation.
- En 2024, le taux de cotisation au RRQ est de 10,8 %.
- Ce taux est réparti également entre l'employeur et l'employé, et s'applique à une partie des revenus d'emploi entre l'exemption générale de 3500 $ et 68 500 $, qui est le montant maximum sur lequel les employés peuvent cotiser en 2024.
- Comme pour le RPC, plus vous attendez, plus votre montant de pension sera élevé :
  - À 60 ans : vous recevrez 64 % du maximum.
  - À 65 ans : vous recevrez 100 % du maximum.
  - À 70 ans : vous recevrez 142 % du maximum.
- Comme pour le RPC, le paiement de la retraite du RRQ qu'ils reçoivent est basé sur le montant qu'ils ont cotisé au régime.

Plus d'informations peuvent être trouvées sur RRQ.gouv.qc.ca.

Sécurité de la vieillesse, SV

- Cela provient du gouvernement canadien.
- La plupart des gens sont inscrits automatiquement et reçoivent une lettre après leur 64e anniversaire.
- Non basé sur l'historique d'emploi, vous devez :
    - avoir 65 ans ou plus.
    - être citoyen canadien ou résident légal au moment où nous approuvons votre demande de pension SV.
    - avoir résidé au Canada pendant au moins 10 ans depuis l'âge de 18 ans.
- Si vous vivez à l'extérieur du Canada, vous devez :
    - avoir 65 ans ou plus.
    - avoir été citoyen canadien ou résident légal du Canada la veille de votre départ du Canada.
    - avoir résidé au Canada pendant au moins 20 ans depuis l'âge de 18 ans.
- Tout le monde reçoit le même montant, mais il y a un remboursement si vous gagnez plus de 81 761 $ (montant cité en 2022).
- Si vous gagnez moins qu'un certain montant, vous recevrez le Supplément de revenu garanti :
    - Par exemple, si vous êtes célibataire, avez plus de 65 ans et gagnez moins de 21 624 $.

Voir plus d'informations sur le site Web du gouvernement.
Lors de l'élaboration d'un plan de retraite, notre outil de planification financière calcule la SV pour nous. En ce qui concerne le RPC et le RRQ, le logiciel peut faire une estimation, mais il est toujours préférable de donner votre relevé à votre conseiller.

- Si vous n'êtes pas au Canada, vous devez vous renseigner sur ce qui vous est offert.
- Avez-vous des types de comptes qui croissent sans impôt ?
- Avez-vous des types de comptes pour l'éducation de vos enfants ?
- Quels sont les comptes qui sont transférés sans impôt à un conjoint ou à un enfant financièrement dépendant ?
- Quels sont les outils que vous avez pour épargner pour la retraite ?
- Connaissez-vous tout ce que le gouvernement peut vous offrir en termes de prestations et de retraite ?

Dressez une liste de questions à poser à votre conseiller:

Votre vie familiale.

Chapitre douze. Protéger votre vie familiale.

Chapitre douze. Glossaire--------------------

J'ai discuté de l'assurance vie, de l'assurance maladie grave, de l'assurance invalidité, de l'assurance accident et de l'assurance pour animaux de compagnie dans le chapitre un. Voici d'autres termes que vous devez connaître :

Testament, ou Dernier Testament.

- Selon l'endroit où vous vivez, vous feriez ce document avec un avocat.
- Si vous vivez au Québec, nous recommandons de le faire avec un notaire. Notez qu'un avocat peut également créer un testament, mais ce sera alors un type différent : un testament "fait devant témoins".
- Certains endroits reconnaissent un testament olographe ou devant témoins, mais soyez averti que cela pourrait compliquer les choses pour vos proches. Au Québec, le testament olographe ou devant témoins doit être homologué par le tribunal, ce qui entraînera beaucoup de frais et de temps.
- Le testament olographe est écrit à la main. Le testament devant témoins est créé sur ordinateur et imprimé.
- Dans ce document, vous nommerez :
  - la ou les personnes qui agiront en tant que liquidateur (exécuteur)
  - vos bénéficiaires
  - un tuteur pour vos enfants si vous deviez tous les deux décéder.
- Gardez à l'esprit que dans un testament, vous ne pouvez pas retirer les droits de quelqu'un. Par exemple, vous ne pouvez pas dire qu'à votre décès, vos enfants iront vivre avec votre sœur, et non avec le père.

Le liquidateur aura toute la charge de régler votre succession, alors choisissez judicieusement. Vous pouvez décider d'inclure un paiement pour votre liquidateur, mais ce n'est pas nécessaire. Lorsque vous ajoutez quelqu'un comme liquidateur à votre testament, il est préférable de prévenir la personne à l'avance. "Sœur, c'est toi".

Lors de la nomination d'un tuteur pour vos enfants, vous pouvez nommer une personne qui s'occupera d'eux physiquement, et vous pouvez également nommer une personne qui supervisera les finances. Cela est particulièrement utile si vous ne voulez pas que votre ex prenne possession de vos biens.

Mandat

J'utilise le terme court, mandat. Mais vous le connaissez peut-être sous le nom de :

- Mandat en cas d'incapacité
- Mandat de protection
- *Procuration perpétuelle (Notez que ce terme est différent de la procuration générale)*

Vous pouvez désigner quelqu'un qui prendra en charge vos décisions médicales. Vous pouvez nommer une personne différente qui s'occupera des finances. C'est utile si vous ne voulez pas que vos enfants ne pensent qu'à l'argent et aient le pouvoir de vous débrancher. (je plaisante, mais pas vraiment). Cela peut être la même personne. Vous pouvez nommer plusieurs personnes.

Procuration

- C'est un document notarié.
- Une procuration donne à la personne le plein pouvoir, dès maintenant, de faire TOUT comme si elle était vous. Liquider des comptes, acheter des biens immobiliers, etc.
- Vous devrez retourner chez l'avocat pour la révoquer.
- Ou elle devient nulle si vous devenez invalide.
- Nous avons tous vu Rocky V, si je me souviens bien, Rocky a tout perdu parce que son beau-frère Paulie, a donner une procuration au comptable et il a tout pris.
- Elle est utile entre époux, ou vous pouvez la donner à l'un de vos enfants. Elle est particulièrement utile lorsque l'un des époux est dans l'armée et/ou est souvent absent.
- Ce n'est pas un document que j'aime personnellement, il donne trop de pouvoir à la personne.

Une procuration perpétuelle: Ce n'est pas un document que j'ai vu au Québec. (si cela existe, ce n'est pas populaire). La procuration continue même lorsque la personne devient invalide.

Une procuration pour soins personnels: Cela couvre vos décisions personnelles, telles que le logement et les soins de santé. Cela n'existe pas au Québec, on utilise plutôt le mandat de protection.

Autorisation de négociation : vous donnez à quelqu'un l'autorisation de gérer vos comptes, mais sans lui donner tous les pouvoirs.

- La personne peut acheter ou vendre vos investissements,
- Prendre des décisions d'investissement,
- Demander à votre conseiller de vous envoyer de l'argent,
  - Mais ne peut pas retirer de l'argent pour se l'envoyer à elle-même.

Cela est utile lorsque vous détestez parler à votre conseiller de vos investissements et que vous souhaitez que votre conjoint s'en occupe. Le conseiller peut naturellement parler plus à un conjoint qu'à l'autre, mais le document doit être en place pour officialiser les choses.

Personne de confiance : il peut y avoir d'autres noms pour cela. Il s'agit du nom et des coordonnées d'une personne en qui vous avez confiance, que vous donnez à votre conseiller financier. Ils doivent contacter cette personne uniquement si :

- Ils pensent que vous commencez à perdre la tête.
- Ils pensent que vous pourriez être victime d'une arnaque et sont inquiets.
- Ils ne peuvent pas vous joindre.

Ce n'est pas censé être une autorisation pour solliciter cette personne.

Convention entre actionnaires : C'est le document le plus important à établir si vous avez une entreprise avec un partenaire, QUEL QUE SOIT LE PARTENAIRE. Le document contiendra des clauses concernant :

- Qui hérite de votre part de l'entreprise si vous décédez ? Vous ne voulez PAS avoir à partager l'entreprise avec un partenaire que vous n'avez pas choisi. Vous pouvez imaginer les histoires que j'ai.
- Que se passe-t-il si vous tombez malade pendant une période prolongée et ne pouvez pas remplir vos fonctions ?
    - L'autre partenaire devient-il propriétaire à part entière ?
    - Doivent-ils engager quelqu'un jusqu'à votre décès ?
    - Doivent-ils payer à vos bénéficiaires la valeur marchande de votre part ?
- Que se passe-t-il si l'un de vous veut se retirer ?
- Que se passe-t-il si l'un de vous cause un préjudice irréparable à la réputation de l'entreprise ?
- Que se passe-t-il si l'un de vous cause un préjudice financier à l'entreprise ?
- Que se passe-t-il si l'un de vous obtient un casier judiciaire ou va en prison ?
- Êtes-vous en partage égal (50-50) ou inégal (51-49) ?
- Une personne a-t-elle investi son propre argent et souhaite-t-elle récupérer son investissement ?
- Qui garde l'entreprise en cas de séparation ? Les actifs seront-ils divisés ou seulement les parts (actions privés de l'entreprise) ?

-------------Fin du glossaire --------------------------------

Pourquoi les conseillers financiers veulent-ils toujours discuter des testaments, mandats, procurations, contacts de confiance, assurances et invalidité ?

Parce que nous avons vu qu'il y a des choses pires pour vos finances qu'une crise boursière. Lorsque nous rencontrons quelqu'un, et que la première chose qu'il dit est "J'ai un peu d'économies, et je veux m'assurer de bien les gérer"...

D'accord, commençons par le début, à la base de la pyramide. Je ne peux pas répondre à ce qu'il faut faire avec vos 30 000 $ d'économies à moins de savoir où vous en êtes.

Quelle est la sécurité de votre famille ?

Célibataire :

Mythe : "**Je suis célibataire et je n'ai pas d'enfants, donc je n'ai besoin d'aucune assurance ou d'un testament.**" Faux pour de nombreuses raisons. Je vous poserais les questions suivantes :

- Si vous tombez malade et que cela vous empêche de travailler pendant 2 ans, pourriez-vous survivre financièrement ?

Vous pourriez répondre : "J'ai une couverture au travail".

- Quel type de couverture à long terme ? C'est toujours un pourcentage, disons 50 % de votre revenu, et un maximum de 1500 $ par mois.
- Avec ces chiffres, pourriez-vous survivre financièrement ?
- Et si vous tombez malade, savez-vous que personne ne peut légalement accéder à votre compte et payer vos factures pour vous, si vous n'avez pas de mandat ?
- Que se passe-t-il si vous êtes dans le coma et que vous n'avez pas mis en place un mandat, faites-vous confiance à la personne nommée par le tribunal pour prendre les meilleures décisions pour vous ? Financièrement ? Médicalement ?
- Si vous décédez et que la loi stipule que vos biens reviennent à vos frères et sœurs, êtes-vous d'accord avec cela ?
- Si vous décédez avant vos parents, pensez-vous que vos parents peuvent retourner au travail après 4 jours ? (souvent au travail, nous avons 4 jours de congé lorsqu'une personne décède).

Même si vous êtes célibataire et sans enfants, vous laissez un tel fardeau à vos proches pour régler les choses si vous tombez malade, êtes dans le coma ou décédez.

Conjoint de fait.

Si vous êtes en union de fait, vous n'êtes pas aussi protégé que vous le pensez.

Décès : Selon l'endroit où vous vivez et son code civil, il arrive souvent que les conjoints de fait n'héritent de rien si le conjoint décède. S'il y a des enfants, les enfants héritent de tout. S'il n'y a pas d'enfants, cela revient aux parents ou aux frères et sœurs.

Séparation: En cas de séparation, il n'y a pas de patrimoine familial, aucun bien n'a besoin d'être divisé. (***Cette partie a été écrite avant le projet de loi 56. Au Québec, le projet de loi 56, qui est devenu loi le 30 juin 2025)

- J'ai entendu une femme dire "Je lui ai donné 1000 $ par mois pour aider à payer l'hypothèque et les services publics, donc la moitié de la maison m'appartient". Ce n'est pas vrai, si votre nom n'est pas sur la maison, vous n'êtes pas propriétaire. ***
- Un homme a dit à son ex-petite amie qu'elle lui devait tout l'argent qu'il avait dépensé pour elle. Ce n'est pas vrai.
- S'il y a des enfants impliqués, ils ont les mêmes droits, peu importe si les parents étaient mariés ou non.
- Diviser les meubles et autres biens signifie simplement que vous devez déterminer qui en est le propriétaire, légalement. S'il y a deux voitures, toutes deux à son nom, mais vous conduisiez une voiture, tant pis, elles sont toutes les deux à son nom.

***Cette partie a été écrite avant le projet de loi 56. Au Québec, le projet de loi 56, qui est devenu loi le 30 juin 2025).

Maladie ou invalidité : Disons que vous gagnez la majorité de l'argent dans le couple et que vous vous occupez des finances. Vous tombez gravement malade et êtes dans le coma. Votre conjoint n'est pas légalement autorisé à accéder à votre compte bancaire et à payer vos factures pour vous. Sans mandat, marié ou non, personne ne peut s'occuper de vos finances à votre place. Si vous avez un cancer et que vous avez une assurance invalidité au travail, c'est bien, mais votre conjoint ne pourra pas prendre congé pour vous aider avec vos rendez-vous médicaux, à moins qu'il n'ait une assurance "compassionnelle" par le biais de son travail, ou à moins que vous n'ayez une assurance maladie grave pour couvrir son salaire manqué. (Comme mentionné ci-dessus, la couverture invalidité paie votre salaire. Souvent, dans un couple, les deux salaires sont importants pour survivre financièrement).

Autres membres de la famille. Que faire si vous avez vos finances en ordre, mais qu'une personne proche de vous ne les a pas ? Si quelque chose se passe, allez-vous l'aider financièrement ? Il y a beaucoup de gens qui se retrouvent en difficulté financière parce qu'ils ont aidé quelqu'un d'autre. Il est temps que les frères et sœurs parlent entre eux des "et si".

Et peut-être devrez-vous refuser d'aider si cela vous mettrait financièrement en difficulté au point de faire faillite.

J'aimerais que les frères et sœurs parlent ouvertement de ces sujets :

- Que se passe-t-il si quelque chose arrive à maman ou papa, ont-ils un mandat, une procuration, un testament, une assurance, une assurance soins de longue durée ?
- Comment voyez-vous la répartition de l'aide physique dont ils auront besoin ?
- Et financièrement ?
- Est-ce que tous vos frères et sœurs ont leurs documents légaux en ordre ?

Si vous avez un excellent conseiller financier qui vous a aidé à mettre tout cela en place, peut-être est-il temps de le présenter à vos frères et sœurs (s'ils vous disent ouvertement qu'ils n'ont pas tout cela en place).

Si vous êtes marié et que vous n'avez pas de testament :

C'est un mythe de croire que si vous êtes marié, vous êtes protégé à 100 %. Selon l'endroit où vous vivez, si votre conjoint décède sans testament, vous ne recevrez qu'un tiers, et les enfants deux tiers, par exemple.

Puisque nous vivons à une époque où il y a beaucoup de familles recomposées, assurez-vous de comprendre : deux tiers à TOUS leurs enfants. Si votre conjoint a quatre enfants avec une autre femme et un avec vous, TOUS les cinq enfants reçoivent deux tiers des biens.

La législation de votre lieu de résidence déterminera qui reçoit quoi :
- Votre maison
- Votre entreprise
- Comptes bancaires
- Héritages familiaux
- Investissements et économies
- Même les comptes joints. Par exemple, au Québec, il n'y a pas de droit de survie. Cela signifie que si votre conjoint décède, le compte joint ne devient pas entièrement le vôtre.
- Entreprise. Imaginez que votre conjoint décède, et au lieu d'hériter de 100 % de l'entreprise, vous devez maintenant la partager avec l'enfant unique de votre conjoint ? L'enfant devient votre partenaire commercial.

Entreprise

Une femme m'a contacté une fois et m'a demandé "comment investir pour gagner le plus d'argent", mais je lui ai posé les mêmes questions que je pose toujours, et j'ai découvert qu'elle avait :

- Une famille recomposée et un enfant avec un handicap sévère.
- Une entreprise qu'elle possède à 100 %.
- Une entreprise qu'elle possède avec quelqu'un d'autre.
- Une maison qu'elle possède avec son conjoint.
- Des biens immobiliers qu'elle possède avec son père.
- Des biens immobiliers qu'elle possède avec deux autres amis.
- Vous pouvez deviner, je ne me suis pas préoccupé de la façon dont elle voulait investir avant de savoir exactement où elle en était avec la base de sa pyramide.
- Mes questions étaient :
    - Avez-vous un REEI pour l'enfant gravement handicapé ?
    - Avez-vous un testament et un mandat ?
    - Avez-vous une convention entre actionnaires pour les entreprises et les biens immobiliers que vous possédez avec d'autres ?
    - Votre père a-t-il un testament, et les biens immobiliers que vous détenez avec lui vous reviennent-ils à 100 % ?
    - Avez-vous une assurance vie, maladies graves et invalidité?
    - Avez-vous des animaux de compagnie ?
    - Avez-vous un fonds d'urgence ?
    - Avez-vous des REEE pour les autres enfants ?
    - Quel type de protection votre conjoint a-t-il ?

Il est probablement frustrant pour quelqu'un qui veut discuter d'investissements, et mes premiers mots sont "non, nous n'irons pas là tant que nous n'aurons pas discuté de vos plus grands risques".

Ou je leur dis : "d'accord, nous ouvrirons les comptes et aurons la discussion sur les investissements, mais nous PRENDRONS le temps de mettre en place toutes les autres choses."

Nous avons cette discussion parce que nous paniquons à propos de TOUT ce qui pourrait mal tourner, et je ne pense même pas à une crise boursière. Nous sommes capables d'analyser les situations assez rapidement et de savoir exactement où se trouvent vos risques. J'espère que vous avez un conseiller qui fait cela pour vous.

Mettre en place des mesures pour réduire vos plus grands risques est plus important que de discuter du dernier FNB ou Crypto.

Chapitre Treize. Faire face à la réalité des dépenses.

Quelle est probablement la plus grande cause de divorces ?

L'argent. Le manque d'argent. La frustration autour de l'argent. Le manque de communication. La vision irréaliste de ce que coûtent les choses.

Vous pouvez deviner, j'ai beaucoup d'histoires. Depuis 2018, lorsque j'ai obtenu ma première certification en divorce, CDFA, *Certified Divorce Financial Specialist*, j'ai eu de nombreuses discussions avec des personnes en instance de divorce. (et depuis, j'ai changé de designation, j'ai le CFDS, le Chartered Financial Divorce Specialist) .

La raison pour laquelle ce chapitre porte sur la réalité des dépenses, c'est parce que j'ai souvent remarqué qu'un des conjoints n'avait aucune idée de combien tout coûte.

Voici une vraie histoire : l'histoire est très légèrement modifiée, je ne voudrais pas donner trop d'informations personnelles sur quelqu'un.

Une femme était très sûre que son mari cachait de l'argent, car, comme elle le disait, "il gagne beaucoup d'argent, et il dit que nous avons des difficultés financières et me demande de commencer à travailler". Il est possible que quelqu'un cache de l'argent, mais voici les détails tels qu'elle les voyait :

- Le mari gagne 125 000 $ en tant que directeur.
- Elle ne travaille pas, elle n'a jamais travaillé, car il lui a promis qu'elle n'aurait jamais à travailler.
- Ils ont une maison avec une hypothèque de 2500 $.
- Ils ont chacun une voiture, et les paiements mensuels s'élèvent à 1800 $.
- Elle m'a demandé combien je pense que son mari cache.
- Vous pouvez deviner ma réponse : il ne vous cache pas de l'argent, mais il vous cache probablement beaucoup de dettes.
- Elle a été surprise par ma réponse, je suppose qu'elle n'a pas fait les calculs :
  - Au Québec, un salaire brut de 125 000 $ est de 87 000 $ net, soit 7250 $ par mois.
  - Leur hypothèque, taxes, hydro, paiements de voiture et essence s'élèvent à 5620 $.
  - Nous n'avons même pas calculé la garderie (oui, même si elle ne travaillait pas, elle envoyait ses enfants à la garderie).
  - Nous n'avons pas encore calculé les courses, le wifi, les téléphones portables, le câble, le contrat de déneigement, les camps d'été, les vêtements, les cadeaux d'anniversaire, les assurances, l'abonnement à la salle de sport, l'abonnement à la clinique privée, les réparations de

voiture, les restaurants, Starbucks, ses ongles et ses cheveux.

- o Je lui ai demandé ce qu'elle faisait pour les anniversaires des enfants, elle m'a dit que le dernier anniversaire avait été organisé dans un cinéma, et ils avaient invité 20 amis. Elle a dépensé environ 700 $ pour le gâteau, la nourriture, les collations, les sacs de cadeaux et le film.
- o Mon estimation était qu'il avait au moins 50 000 $ de dettes, et j'avais raison, il avait 75 000 $ de dettes sur ses cartes de crédit et sa ligne de crédit. (Peut-être plus, mais il était trop embarrassé pour me le dire).

Lorsqu'il lui a demandé de commencer à travailler pour aider à payer les factures, elle a entamé le processus de divorce et elle a continué à insister sur le fait qu'avec 125 000 $ par an, il serait capable de lui permettre de rester à la maison.

Dans ce cas, même en lui montrant les dépenses mensuelles par rapport aux revenus, elle n'y croyait toujours pas.

Voici une autre histoire :

Ensemble, ils gagnent 130 000 $ brut. Il gagne 3500 $ net par mois. Elle gagne 4000 $ net par mois.

Elle me disait qu'avec ce salaire, ils pensent qu'ils devraient pouvoir se permettre une maison, deux voitures, des voyages en famille et pouvoir donner à leur église.

Ils vivaient dans un appartement à 1000 $ par mois, mais ils pensaient qu'ils méritaient mieux et voulaient montrer à leurs familles qu'ils avaient réussi, alors ils ont déménagé dans un appartement qui coûte actuellement 1800 $ par mois. (Sans jugement, mais la meilleure décision aurait été de rester et d'économiser pour une maison)

Ils pensent qu'ils pourraient se permettre une hypothèque d'environ 3500 $. Rien qu'à partir de cela, j'espère que vous dites "NON", les calculs ne sont pas corrects. (si ce n'est pas le cas, je suppose que vous avez sauté le chapitre sur le budget et la règle 50-30-20)

Rien qu'à partir de cette déclaration, je savais qu'ils n'avaient jamais fait les calculs. Beaucoup de gens avec des salaires entre 100 000 $ et 150 000 $ ont une version complètement faussée du coût de la vie actuel. (tu es coincé dans les années 80).

Une hypothèque de 3500 $ utilise 47 % de leur revenu mensuel.

Comme mentionné, le logement, le transport et les courses devraient représenter 50 % de leurs dépenses. Voici leurs chiffres, calculés mensuellement : (ils sont bien au-dessus des 50 %).

50% devrait être pour le logement, le transport et l'épicerie :

Hypothèque	$3500
Hydro	$150
Paiement de voiture	$398
Assurance voiture et maison	$225
Carte Opus, autobus et metro	$155
Essence	$500
Épicerie	$1500
Restaurants	$150
Immatricule voiture	$22.50
Changement d'huile	$60
Permis de conduire	$14.17
Total	$6674.67
Ratio	89%

Et voici le restant de leurs dépenses, cependant, il reste seulement **$825.33 par mois.**

30 % du revenu est supposé couvrir toutes ces dépenses :

Deux cellulaires	$156
Internet et WIFI	$58
Frais bancaire pour 2 comptes chèques	$30
Garderie	$400
Cadeaux et fêtes	$80
Info dans le « nuage » (Icloud)	$2
Amazon Prime	$9.50
Optométriste	$30
Coupe de cheveux	$60
Médical et clinique privée	$30
Inscription annuelle Costco	$5
Epipens	$10
Frais scolaires	$30
Dentaire	$40
Prescriptions	$40
Camp d'été	$50
Contrat de déneigement	$20
Assurance vie	$120
Assurance invalidité	$60
Frais comptable	$30
Photos école	$10
Inscription annuelle CAA Québec	$12
Vêtements, souliers, 4 personnes	$200
Réparations	$100
Congé mars et été	$200
Levés de fonds école	$10
Retour à l'école	$20
SAQ, parfois	$10
Total	$1822.50

L'exemple ci-dessus est quelque chose que nous voyons souvent. Le paiement hypothécaire est trop élevé. Ils ne devraient pas avoir un coût d'habitation qui représente 47 % de leur revenu.

Avec ces chiffres, ce couple sera endetté de 50 000 $ dans quelques années.

Les deux personnes dans la relation doivent avoir une vision réaliste de la portée de leur revenu. Dans ce cas, il semblait qu'ils étaient tous deux si fiers de leur revenu et de leur carrière qu'ils pensaient pouvoir se permettre beaucoup plus que ce qu'ils peuvent réellement.

Chapitre quatorze. Le dilemme de l'immobilier.

Ce chapitre vise à répondre aux deux principales questions concernant l'immobilier : devriez-vous vraiment acheter une maison ? Un investissement immobilier est-il bon pour vous ?

Malheureusement, beaucoup de gens ressentent la pression d'acheter une maison. Pour certains, c'est un enjeu social, et pour d'autres, c'est une question culturelle. Ils arrivent au Canada et ressentent la pression de devenir riches. Ils ont également la pression d'envoyer de l'argent chez eux. Je ne vais pas entrer dans les détails sur la façon dont les immigrants luttent lorsqu'ils arrivent ici et font face à la réalité du rêve américain, c'est tout un autre livre que je ne suis pas prêt à écrire. J'étais mariée à un homme qui a essayé toute sa vie de paraître riche parce qu'il avait tellement de pression de chez lui "pour réussir".

Acheter une maison n'a pas de sens pour beaucoup de gens. Il est parfaitement acceptable de rester en location, tant que vous ne déménagez pas tous les quelques années, sinon, vous poursuivez les augmentations de loyer.

Vous ne devriez pas acheter une maison si :
- Vous êtes actuellement en location et n'économisez pas au moins 20 % de votre revenu.
- Vous ne connaissez pas vos chiffres. Connaître combien vous gagnez et vos dépenses mensuelles est la première étape avant même de penser à acheter une maison.
- Vous avez des dettes et ne les contrôlez pas.
- Vous n'avez pas un emploi stable.
- Vous n'avez aucun type d'épargne, au moins 5-10 % de mise de fonds.
- Le revenu familial est d'au moins 100 000 $. (pour une maison de 400 000 $, avec un taux hypothécaire de 6,79 % et un paiement mensuel de 2550 $).

- Si vous êtes célibataire et gagnez moins de 65 000 $, vous ne devriez même pas y penser.

Au moins 6 mois avant d'acheter une maison, calculez combien vous dépenseriez pour une hypothèque et des taxes. Soustrayez ce que vous payez actuellement en loyer et épargnez cette somme pendant au moins 6 mois. Si cela vous est impossible, alors vous ne devriez pas aller de l'avant.

- Sachez combien vous pouvez vous permettre de dépenser pour le logement par mois (paiement hypothécaire plus taxes), en utilisant la règle 50-30-20.
- Ne négligez pas la règle des 50 % en argumentant que la maison prendra de la valeur.
- Épargnez pour un acompte. Si la maison vaut moins de 500 000 $, l'exigence est de 5 %. Si elle vaut plus que cela, l'exigence est de 10 %.
- Obtenez une préapprobation de la banque.

Préapprobation de la banque :
- La banque vérifiera votre cote de crédit et votre historique.
- La banque demandera une preuve de revenu, d'épargne et d'investissements.
- Si un parent vous donne de l'argent, ils demanderont une preuve ou une lettre de leur part.
- Ils examineront vos ratios. Donc, n'achetez pas de voiture coûteuse juste avant, ni ne faites d'autres types de plans de paiement.
- Et très important, quel que soit le montant que la banque propose, n'achetez pas une maison avec le maximum de la préapprobation. Disons que vous êtes approuvé pour une maison de 600 000 $, vous devriez opter pour une maison de 450 000 $.

Cote de crédit :

- La note de crédit minimum nécessaire pour acheter une maison est d'au moins 680.
- Votre note de crédit est affectée par :
  - Votre historique de paiement, si vous payez vos factures à temps.
  - Le ratio d'utilisation du crédit. Vous ne devriez utiliser que 25 %.
  - La durée de l'historique de crédit. Il est important de montrer un historique de bon comportement de crédit. Certaines personnes gardent des cartes de crédit pendant 30 ans et les utilisent à peine.
  - Les nouveaux crédits. Les demandes de crédit affectent votre score de crédit.
  - Les types de crédit. Vous avez besoin de diversité pour montrer un bon comportement de crédit, comme une ligne de crédit ou un prêt automobile.

Si vous êtes entrepreneur : Près de 20 % de tous les Canadiens sont entrepreneurs. Il est parfois difficile d'obtenir une hypothèque, car :
- Les revenus sont difficiles à prouver.
- Vous ne déclarez pas tous vos revenus (l'évasion fiscale est punissable par une peine de prison et vous pouvez être condamné à une amende allant jusqu'à 200 % de ce que vous deviez réellement).
- Pour payer le moins d'impôts possible, vous avez beaucoup de dépenses. Votre revenu net est souvent trop faible pour être admissible.

Préapprobation pour les entrepreneurs : Bien sûr, le processus de préapprobation est beaucoup plus facile si vous avez beaucoup d'économies et d'investissements.

Si vous avez des preuves solides de revenus et un bon acompte, vous devriez pouvoir obtenir le même produit hypothécaire et le même taux qu'un salarié. Si vous avez du mal à prouver vos revenus ou si votre revenu net semble un peu trop bas par rapport à votre revenu brut, la banque pourrait quand même vous approuver, mais elle exigera un acompte de 10 % au lieu de 5 %.

La banque vous demandera de fournir des documents pour prouver vos revenus :
- Avis de cotisation personnel et professionnel pour 2-3 ans.
- États financiers de votre entreprise.
- Preuve que votre TVH et/ou TPS est payée en totalité.
- Contrats montrant les revenus attendus pour les années à venir.
- Vos notes de crédit personnel et professionnel.
- Preuve que vous êtes propriétaire principal de l'entreprise.
- Une copie de la licence d'entreprise ou de la licence de TPS de l'emprunteur ou des statuts constitutifs montrant que vous êtes autorisé.
- Preuve que votre acompte vient de vous. Cela signifie qu'ils pourraient demander des relevés de compte de plusieurs mois pour prouver que c'est vraiment votre argent.
- Si vos revenus sont un peu difficiles à vérifier, ils pourraient vous demander jusqu'à 6 mois de relevés de votre compte chèque, montrant tous vos dépôts d'entreprise. (Assurez-vous que vos comptes professionnels et personnels sont séparés).

Au moins 6 mois avant d'obtenir une préapprobation en tant qu'entrepreneur :

- Assurez-vous d'avoir un budget séparé pour vous-même et votre entreprise.
- Vos comptes et cartes de crédit doivent être séparés.
- Vos impôts sur le revenu sont à jour, tant personnels que corporatifs.
- Vous avez réglé toutes vos dettes auprès de Revenu Canada.
- Vous avez des relevés qui montrent le flux de trésorerie, surtout si vous avez une entreprise en espèces.
- Si votre entreprise est incorporée, tous vos états financiers sont à jour.
- Discutez avec un courtier hypothécaire qui travaille régulièrement avec des entrepreneurs.

Créer un budget et respecter la règle 50-30-20 est important si vous êtes entrepreneur. Si vous avez les revenus et les documents pour le prouver, vous devriez pouvoir obtenir une hypothèque.

L'immobilier en tant qu'investissement.

Le meilleur conseil que j'ai jamais entendu pour entrer dans l'immobilier en tant qu'investissement est d'acheter un duplex ou un triplex au lieu d'acheter votre première maison. En général, l'achat d'un duplex ou d'un triplex nécessite un acompte de 20 %. Si vous vivez dans le duplex, l'acompte tombe à 5 %, et si vous vivez dans le triplex, le montant tombe à 10 %.

Cela vous permet d'être à la fois propriétaire et investisseur.

L'immobilier en tant qu'investissement entraîne des conséquences fiscales. Vous devez déclarer les revenus, et en cas de décès ou de vente, il y aura des gains en capital et des récupérations de la déduction pour amortissement. Contrairement à l'investissement dans un CELI, où il n'y a absolument aucune conséquence fiscale (sauf en cas de cotisations excédentaires). Ne laissez personne vous dire que posséder de l'immobilier est le seul moyen de devenir riche. Le CELI a rendu les choses très intéressantes pour les Canadiens.

Déclaration des revenus immobiliers. Si vous possédez un bien immobilier personnellement, vous devrez remplir le formulaire fédéral T776 (chaque propriété doit avoir son propre formulaire) qui comprend les parties suivantes :
- Votre identification et l'adresse de la propriété
- Détails des copropriétaires
- Revenus de vos locataires
- Dépenses
- Calcul de la déduction pour amortissement.

Revenu locatif. Vous devez déclarer les revenus, même si l'un de vos locataires "troque" avec vous. Les revenus peuvent être sous forme de : comptant, de chèque, de biens et de services.

Dépenses. Supposons que vous ayez acheté un triplex, alors vous aurez :
• Des dépenses pour les 2 appartements dans lesquels vous ne vivez pas.
• Des dépenses pour l'ensemble du bâtiment, par exemple le toit entier. Vous ne pourrez réclamer que 66,66 % de celles-ci.

Vous pouvez déduire les dépenses suivantes (en gardant à l'esprit le ratio de 66,66 %, par exemple) :

• Publicité, comme la publicité sur Kijiji.
• Assurance
• Frais d'intérêt sur l'hypothèque
• Frais bancaires (plus facile à faire si vous avez un compte bancaire séparé)
• Dépenses de bureau
• Honoraires professionnels, juridiques et comptables. Cela inclut les frais de vérification de la cote de crédit.
• Frais de gestion
• Réparations et entretien
• Salaires
• Taxes foncières
• Déplacements
• Services publics (ceux que vous payez)

Vous ne pouvez pas déduire le paiement hypothécaire. Pour beaucoup de personnes qui se lancent dans l'immobilier, elles pensent que les loyers deviennent un revenu mensuel supplémentaire. N'oubliez pas que c'est imposable. Puisque vous ne pouvez pas déduire le paiement hypothécaire, vous essayerez de déduire beaucoup de dépenses pour réduire les impôts à payer.

Vous ne pouvez pas déduire le coût total de la propriété pour l'année où vous l'avez achetée, mais il existe la *déduction pour amortissement* (DPA) :

• La déduction pour amortissement est une déduction que vous pouvez réclamer sur plusieurs années pour le coût d'un bien amortissable, comme un bâtiment, une voiture ou une machine.

• Vous n'êtes PAS obligé de réclamer une DPA.

• Le gouvernement a créé des classes pour les différents types de biens, et le taux de déduction pour amortissement que vous pouvez utiliser est basé sur les différentes classes. Par exemple :

> o Vous avez installé des systèmes de gicleurs pour l'ensemble du bâtiment. Vous ne pouvez pas déduire le montant TOTAL sur vos déclarations de revenus. Il s'agit d'une classe 1, qui est de 4 % par an.
>
> o Les machines sont de la classe 8, avec un taux de 20 %.
>
> o Le terrain n'est PAS un bien amortissable.
>
> o Les bâtiments appartiennent aux classes 1, 3, 6, 31 ou 32, selon plusieurs facteurs. La classe 1 comprend la plupart des bâtiments acquis après 1987.
>
> o Cela signifie que vous pouvez déduire, disons, 4 % de votre coût total d'achat chaque année en tant que DPA.

Récupération de la déduction pour amortissement. Une grande déception lorsque vous vendez votre propriété d'investissement est de faire la déclaration de revenus et de réaliser qu'il y a un gain en capital **et** une récupération de la DPA. Ces deux éléments signifient beaucoup moins d'argent dans votre poche. Cela signifie également que lorsque vous recevez le chèque du notaire, ne dépensez pas tout, vous devez en garder une bonne partie pour payer les impôts.

Une récupération de la DPA se produit lorsque le produit de la vente de la propriété locative est supérieur au total du coût en capital non amorti et du coût en capital de tout ce qui a été ajouté au cours de l'année.

Le coût en capital non amorti, ou coût en capital non réclamé, c'est le 4% que vous n'avez pas décidé d'utiliser. Donc, si vous avez suffisamment de dépenses au cours d'une année, vous n'êtes pas obligé de réclamer la DPA, et cela vous aide lors de la vente du bâtiment.

Histoire d'horreur :

Je partage souvent mon histoire pour montrer que posséder une propriété immobilière n'est pas toujours facile.

Comme la plupart des gens, nous avons pensé qu'il serait judicieux d'investir dans l'immobilier. J'étais hésitant d'une certaine manière, car je m'occupais déjà de tout et je savais que cela serait une autre responsabilité à gérer, mais j'ai quand même décidé de me lancer. Voici les détails :

• Nous avons demandé à notre agent de nous trouver quelque chose de rentable.
• Nous refinancions notre maison pour obtenir un acompte pour cet investissement.
• Elle nous a montré une maison où le sous-sol avait été converti en studio.
• Le locataire de la partie principale de la maison était le propriétaire actuel et souhaitait y rester.
• Le locataire du bas, dans le studio, était la mère.
• Les deux avaient des chiens, ce qui ne me dérangeait pas.
• J'avais la possibilité de les expulser, selon mon agent, mais je n'étais pas prêt à assumer la responsabilité de chercher deux nouveaux locataires (car si j'en expulsais un, l'autre partirait également).
• Le locataire, qui était aussi le propriétaire actuel, me donnait un peu d'attitude, comme si c'était ma faute qu'elle ne pouvait plus se permettre de payer la maison.
• Nous sommes allés chez le notaire et tout allait bien au début.
• En moins d'un mois, il y a eu un incendie. Le locataire avait branché son climatiseur avec une rallonge d'un magasin « un dollar », et la rallonge a pris feu.

- Quelques mois plus tard, il y a eu des dégâts d'eau. J'avais demandé à un bricoleur d'installer une nouvelle baignoire, car l'ancienne était très vieille avec des jets d'eau cassés. Le bricoleur a installé la nouvelle baignoire, mais il a oublié de mettre quelque chose. Cette baignoire se trouvait dans la partie principale de la maison. La chose qu'il a oubliée de mettre s'est avérée très importante et a causé des dégâts d'eau jusqu'au locataire du bas. Nous avons dû enlever les murs et faire réparer la baignoire à l'étage. Tant de dépenses.
- Quelques mois plus tard, le locataire principal m'a appelé pour me dire qu'il ne pouvait pas payer le loyer en entier, il était en invalidité. Chaque mois où il ne payait pas, je devais utiliser du crédit pour payer l'hypothèque de cette maison (donc, je payais deux hypothèques chaque mois). Je lui ai donné beaucoup de chances et j'ai été beaucoup trop patient.

• Là où nous vivons, les locataires ont plus de protection que les propriétaires, il n'aurait pas été facile de l'expulser, car il me payait un peu.

• Il y avait aussi le problème de la famille (et des amis). Lorsque vous possédez une propriété, certaines personnes vous font sentir que vous êtes obligé d'aider la famille et les amis, et que s'ils cherchent un endroit où séjourner, vous êtes obligé de leur louer.

• J'ai une fois loué à un jeune adulte que je connaissais et je lui ai dit que je pouvais l'aider et lui louer pour 350 $ par mois. Je n'ai reçu qu'un mois de loyer. Après cela, il y avait toujours une excuse pour ne pas payer.

• Cela a causé beaucoup de disputes avec mon conjoint de l'époque.

• Quelques mois plus tard, nous avons découvert qu'il y avait une infestation d'abeilles.

• Le locataire principal est finalement parti, mais celui qui l'a remplacé n'arrêtait pas de demander des choses. Je ne facturais pas au prix du marché pour le loyer et j'étais surpris qu'ils demandent autant.

Reviendrais-je à l'immobilier en tant qu'investissement ?

Probablement pas.

• Maximiser le CELI et avoir un rendement stable me semble être une réponse si facile pour construire de la richesse ET c'est exonéré d'impôt, comparé à l'immobilier.
• Avoir des locataires est difficile.
o Certains sont méchants.
o Certains ne se soucient pas de payer leur loyer
o Certains pensent que tous les éviers de cuisine sont équipés d'un broyeur, comme dans les films, et ils y mettent des os, peu importe combien de fois vous leur dites (histoire vraie).
o Ils s'attendent à avoir les choses les plus belles et les plus chères, même lorsqu'ils ne paient pas de loyer (et utilisent cela comme excuse pour ne pas payer le loyer). C'est une lutte constante.
o Ils ne respectent pas les autres voisins, et vous êtes constamment bombardé de plaintes.

Devriez-***vous*** investir dans l'immobilier ?

• Si votre décision d'investir dans l'immobilier est motivée par des difficultés financières mensuelles et que vous pensez que c'est un revenu supplémentaire facile, ne le faites pas. Lorsque vos locataires ne paient pas, c'est difficile. Les expulser est difficile et c'est un processus long.

• Il est utile d'être bricoleur. Payer constamment pour des réparations épuise les finances.

• Il est utile d'avoir des économies pour couvrir les loyers impayés des locataires.

• Envisagez d'avoir une équipe de gestion. Ainsi, vous ne gérez pas les locataires, une entreprise le fait.

• Assurez-vous d'avoir tout réglé personnellement avant d'investir dans l'immobilier (je parle de votre testament et de votre mandat de protection. Obtenez une assurance vie, assurance maladies graves et invalidité).

• Si vous refinancez votre maison pour obtenir l'acompte, assurez-vous de pouvoir vous permettre le nouveau paiement hypothécaire, avec ou sans vos loyers mensuels.

Je ne suis pas contre l'immobilier en tant qu'investissement, mais je vois souvent des gens mettre TOUT leur argent dans l'immobilier, ce qui cause des problèmes financiers :

• J'ai entendu des histoires d'entrepreneurs qui ont TOUT leur argent bloqué dans l'immobilier (des histoires vraies, dans ma communauté) qui :
  o ne pouvaient pas se permettre un traitement de canal dentaire d'urgence.
  o avaient besoin de nouveaux pneus d'hiver pour leur BMW, mais ont demandé au propriétaire du garage s'ils pouvaient les aider.
  o ont dû emprunter de l'argent à leur famille pour acheter des épiceries.
• Si vous veniez à décéder sans suffisamment d'assurance-vie pour couvrir toutes les plus-values, vos bénéficiaires devraient vendre, peut-être même à perte, pour payer les impôts gouvernementaux. Étant donné que l'immobilier n'est pas toujours facile à vendre, vous mettez vos bénéficiaires dans une situation financière difficile.

Ma recommandation, si vous êtes sérieux au sujet de l'immobilier en tant qu'investissement, est d'avoir également des investissements réguliers. Construire de la richesse consiste à ne pas mettre tous ses œufs dans le même panier, et cela est particulièrement vrai dans ce cas.

Posséder un condo.

- Je travaille dans le domaine financier depuis près de 20 ans
  maintenant, et je peux vous dire que je n'achèterai jamais de condo.
  (ce n'est pas une recommandation, mais un choix personnel)
- Si vous avez le temps, recherchez dans Google "histoires d'horreur
  de condos à Montréal"
- Inconvénients d'un condo :
  - Vous n'avez pas le contrôle de vos dépenses et n'avez aucun
    mot à dire. Plusieurs fois, j'ai eu des clients qui ont dû retirer 50
    000 $ de leurs investissements parce que quelque chose s'est
    passé dans leur condo. S'ils ne payaient pas, ils auraient été
    expulsés.
  - Consultez l'histoire des propriétaires de condos de Boisbriand
    qui ont été contraints d'abandonner leurs maisons mais ont dû
    continuer à payer leurs hypothèques.
  - Beaucoup de gens achètent un condo pour le louer. Alors
    imaginez si votre nouveau voisin est un proxénète et qu'il reçoit
    des gens à toute heure.
  - Les condos transformés en Airbnb, et de nombreux dommages
    sont causés aux espaces communs, et vous devez en payer une
    partie.
  - Un client a dit un jour que quelqu'un avait mis une voiture dans
    son condo, au dernier étage. (ne me demandez pas comment
    cela a été fait) La voiture était très ancienne et a fini par fuir de
    l'huile dans les appartements en dessous, et ils étaient tous des
    snowbirds. Lorsque tout le monde est rentré chez lui en avril, les
    dégâts étaient si graves qu'ils ont dû évacuer.
  - Vous n'avez pas le contrôle des frais de condo. Je connais
    quelqu'un qui a des frais de condo de 1200 $ par mois.
  - Les lois sur les condos peuvent changer à tout moment, et vous
    ne serez pas autorisé à avoir des animaux de compagnie.

- Les règles de la copropriété réduisent votre plaisir de votre logement. Certaines règles de copropriété dictent :
  o La couleur à peindre votre porte d'entrée.
  o Vous ne pouvez pas effectuer de réparations ou de modifications majeures sans demander la permission.
  o La gestion des déchets. (Vous recevez des amendes si vous oubliez de sortir votre poubelle le jour approprié)
  o L'utilisation des décorations de fête.
  o Quels entrepreneurs utiliser, même si vous pensez qu'ils ne sont pas qualifiés.

• Lorsqu'il est temps de vendre, cela peut être difficile pour toutes ces raisons, surtout si les frais de copropriété mensuels ont explosé.

• Il y a aussi de nombreux cas de mauvaise gestion des fonds. Vous payez des frais de copropriété mensuels, savez-vous vraiment ce qu'il advient de cet argent ?

• Les copropriétés ne prennent pas autant de valeur qu'une maison individuelle.

• Les présidents de l'association de copropriété qui ont leur propre agenda.

- Si vous souhaitez toujours acheter un condo, je ne suis pas sûr de comment vous guider, sauf :
  o Assurez-vous de lire tous les documents de l'association de copropriété, y compris les procès-verbaux des 5 dernières années.
  o Essayez de poser beaucoup de questions, par écrit, sur le budget de l'association de copropriété, les fonds d'urgence et comment tout cela est contrôlé.
  o Puisque vous n'aurez PAS le contrôle des dépenses des parties communes, assurez-vous d'avoir beaucoup d'économies ou une ligne de crédit.

Chapitre quinze. Communication sur l'argent.

Dans certains groupes Facebook, j'ai vu des publications de femmes qui veulent démarrer une entreprise, et le conjoint n'est pas très encourageant. Les commentaires des autres femmes :

• Quittes-le, il ne te soutient pas, il ne t'aime pas vraiment.
• Lance quand même l'entreprise pour lui montrer que tu peux le faire.

D'accord, attends. J'ai été de l'autre côté, où le conjoint a une nouvelle idée chaque week-end. Ou chaque fois qu'il regarde Dragon's Den ; cela l'inspire à inventer quelque chose.

Certains conjoints ont des peurs légitimes :
• Ils vous ont vu commencer et abandonner des projets au moins 5 fois par an.
• Vous ne faites pas de recherches avant de commencer quelque chose, vous vous lancez simplement dans des idées folles comme s'il n'y avait pas de conséquences financières.
• Au lieu d'utiliser vos jeunes années pour vous battre dans une vraie carrière, vous préférez faire N'IMPORTE QUOI depuis chez vous, même si cela signifie gagner si peu d'argent que cela n'aide pas les finances familiales.
• La peur que vous utilisiez toutes les économies familiales, ou le crédit, pour démarrer quelque chose de non rentable.
• Hier, vous vendiez des *shakes,* et aujourd'hui vous voulez créer votre propre ligne de maquillage.

J'ai tout entendu, et j'ai partagé des histoires. La communication avec un conjoint est importante. Construire un plan d'affaires qui respecte le budget familial est essentiel. Commencez lentement pour gagner la confiance de votre conjoint et apaiser ses peurs. Une façon de protéger la famille est de s'assurer que votre entreprise est incorporée, protégeant ainsi la famille contre tout créancier.

Une autre question qui revient souvent concerne la répartition des dépenses familiales au sein d'un couple.

Je vais répondre simplement :
 Si vous deviez utiliser la règle du 50-30-20, alors :
o 50 % de votre revenu et 50 % de leur revenu servent à payer les dépenses communes. Il ne devrait pas y avoir trop de disputes ici, sauf si l'un de vous poussait pour des voitures et une maison coûteuse, même si vous ne pouviez pas vous le permettre. Cela évite également les disputes futures, vous n'améliorez pas votre maison ou votre voiture à moins que vos revenus n'augmentent également.
 o 30 % de votre revenu et de leur revenu sont destinés aux autres choses comme le téléphone portable, le wifi, les voyages, les sorties. Des disputes peuvent survenir ici parce qu'un conjoint dépense trop en chaussures, et l'autre collectionne des guitares coûteuses. Vous devez tous les deux convenir que, dans les 30 %, si vous avez de l'argent restant après les choses communes comme la facture de téléphone, alors vous pouvez le dépenser comme vous le souhaitez. Chaque personne devrait avoir un montant à dépenser, sans que l'autre personne ne s'affole.
o Ensuite, tout est beaucoup plus facile si vous avez tous les deux 20 % à économiser et à investir. Il n'y a rien de pire que d'être en couple, où TOUT votre argent va à la famille, et l'autre personne accumule de l'argent pour la retraite.
o Discuter de ce ratio au début de la relation et s'y tenir peut sauver votre mariage. Les mathématiques sont les mathématiques, il est facile de baser vos décisions si vous regardez les chiffres.

La dernière question que l'on me pose le plus souvent concerne l'éducation financière, et c'est la principale raison de mes livres.

À quel âge est-il trop jeune pour parler d'argent, et par où commencer ?
• Dans mon livre Richesse 101 pour ados, je parle du **test du marshmallow** réalisé en 1972 par l'université de Stanford. C'était un test avec des enfants de maternelle. (Je vous laisse le vérifier dans Google). Cela a montré que certains enfants avaient de la patience et comprenaient que l'attente était profitable. Éviter la *gratification instantanée* a ses récompenses. Si vos enfants peuvent comprendre l'importance d'économiser de l'argent pour un objectif futur, c'est la chose la plus importante qu'ils puissent apprendre.
• Dès l'âge de 5 ans, vous pouvez leur donner une tirelire et leur apprendre à économiser. Vous pouvez leur donner l'option d'économiser, de dépenser et de donner. Économiser pour acheter un vélo peut les décourager, mais économiser pour obtenir 50 $ pour aller au magasin de jouets peut être un bon moyen de commencer. Je n'aime pas vraiment donner de l'argent en récompense pour accomplir une tâche (car ils grandissent en pensant qu'il devrait y avoir une récompense pour faire la vaisselle, et nous connaissons tous des hommes qui n'aident pas à la maison).
• Dès l'âge de 8 ans, ils peuvent apprendre ce qu'est un compte chèque et un compte d'épargne.
• À 12 ans, ils peuvent tout apprendre, des intérêts à l'inflation en passant par les investissements.
• J'organise des conférences avec des adolescents dès l'âge de 12 ans, et croyez-moi, ce n'est pas trop difficile pour eux de comprendre.

Je veux que mon enfant comprenne les intérêts, alors y a-t-il un moyen d'investir pour eux ? Apprendre la magie des intérêts composés est important, mais il est encore plus important d'apprendre à éviter la *gratification instantanée* et à économiser.

Oui, il existe un moyen d'économiser de l'argent pour eux, dans un compte étudiant à la banque, qui offre probablement peu ou pas d'intérêts. Il existe un moyen d'investir de l'argent pour eux, avec une fiducie familiale ou un compte en fiducie à leur nom. Cependant, en raison de la complexité des comptes, des rapports annuels et de la fiscalité, nous recommandons normalement ces comptes aux personnes à valeur nette élevée qui ont maximisé leur CELI, REER et REEE. Contactez-nous si vous souhaitez en discuter davantage.

Les enfants écoutent vos conversations, et surtout celles sur l'argent. Vous pouvez essayer de leur apprendre à éviter la gratification instantanée, mais faites-vous le contraire? Vous devez réaliser que les enfants écoutent ce que vous dites, mais ils font également attention à ce que VOUS faites avec votre argent.

Chapitre seize. Comprendre vos droits en cas de séparation.

Vous pourriez être moins enclin à payer la plupart des dépenses familiales si vous découvrez qu'en cas de séparation, vous ne recevez rien. Beaucoup de personnes qui se séparent pensent que parce qu'elles ont payé la plupart des dépenses, elles ont droit à la moitié de la maison.

Connaître vos droits et obligations, même si vous ne pensez pas à une séparation, vous aidera à prendre des décisions budgétaires.

Dans la plupart des provinces ou des États, si vous êtes en union de fait, vous ne recevez rien en cas de séparation. *** Celui qui possède légalement la maison garde la maison. Celui qui possède légalement les voitures, peu importe qui les conduit, garde les voitures.

Vous pourriez avoir accumulé des dettes, et l'autre personne des investissements, tant pis. Vous pourriez avoir un cas juridique, appelé "enrichissement injustifié". Un exemple de cela est :

- Une femme qui est restée avec son conjoint de fait et a élevé leurs enfants pendant 25 ans.
- Avec ses économies, elle payait la plupart des factures pendant que monsieur bâtissait une entreprise.
- Les premières années, l'entreprise n'était pas rentable
- Il a attendu que l'entreprise vaille des millions avant de la quitter.

Vous pourriez ne pas gagner une réclamation pour "enrichissement injustifié", il est donc beaucoup mieux de connaître vos droits à l'avance.

(***Cette partie a été écrite avant le projet de loi 56. Au Québec, le projet de loi 56, qui est devenu loi le 30 juin 2025)

Contrat de mariage ou d'union civile : Signer un contrat de mariage ou d'union civile facilite la séparation, la plupart du temps, à moins que vous n'oubliiez d'y inclure certaines choses.

Une fois, je parlais à une personne concernant sa situation de divorce, et elle ne pouvait pas croire combien d'actifs et d'argent elle donnait à son ex-conjoint. Elle avait signé un contrat de mariage il y a de nombreuses années, et elle pensait pouvoir engager un avocat pour contourner ce qu'elle avait signé.

Union de fait : Vous devez comprendre vos droits AVANT d'emménager avec eux et de commencer une vie ensemble. Étant donné que chaque province ou état a des règles différentes en matière de division des biens lors d'un divorce ou d'une séparation, vous devez vous renseigner sur les règles en vigueur là où vous vivez.

Union de fait sans enfants : Si vous êtes en union de fait et que vous n'avez pas d'enfants ensemble, vous pourriez ne pas avoir AUCUN droit sur les biens, même si vous avez l'impression d'avoir contribué à tout payer. Vous gardez ce qui vous appartient.

Union de fait avec enfants : Les enfants ont des droits, y compris le soutien financier et la garde partagée. La plupart des états et provinces accorderont des droits égaux aux deux parents. L'époque où la mère obtenait automatiquement la garde est disparue.

Marié. Les couples mariés bénéficient de la protection de la division des biens, selon l'endroit où vous vivez. Cela peut signifier que vous obtenez 50 % de TOUT ce qui a augmenté pendant le mariage, et cela inclut :
Immobilier
Investissements
Air Miles
Valeurs de rachat des polices d'assurance
Voitures
Etc.

Il est important de faire la distinction entre ce qui a augmenté pendant le mariage et ce que vaut le patrimoine au moment de la séparation. Si votre conjoint valait déjà 2 millions lorsque vous l'avez rencontré, et qu'il vaut maintenant 3 millions, vous obtenez la moitié du million, pas des 3 millions.

Il est également important de noter que vous n'obtenez PAS plus de biens si la raison de la séparation est que l'autre personne a trompé. Au Canada, le *divorce sans faute* a été introduit en 1986.

Si vous êtes entrepreneur, il est important de comprendre que ce n'est pas parce que c'est VOTRE entreprise que l'autre personne n'a aucun droit sur celle-ci en cas de divorce. Si vous décidez de vous marier, vous pourriez vouloir avoir un contrat de mariage qui exclut votre entreprise actuelle de la division des biens.

Chapitre Dix-sept.
La génération *sandwich.*

De nombreuses femmes auront la charge de s'occuper de leurs parents âgés. Nous sommes souvent désignées comme la génération sandwich, car nos enfants restent à la maison jusqu'à leurs 30 ans, tandis que nous devons également nous occuper de nos parents. Nous sommes dans un sandwich financier, prenant soin de trois générations. Aucune autre génération avant nous n'a connu cela, car les enfants quittaient la maison plus tôt qu'aujourd'hui.

Comment se préparer et faire face ?

• Discutez avec vos parents de leur patrimoine, de leurs assurances et de leurs documents légaux, bien avant que cela ne soit nécessaire.
 • Si vous avez des frères et sœurs, essayez de partager la charge physique et financière.
• Vos parents préféreraient-ils vivre avec l'un d'entre vous ?
        o Vivre dans une maison bigénérationnelle ?
        o Ou dans une maison de groupe ?

S'occuper de ses proches peut être une énorme charge financière. L'option la moins coûteuse est de faire vivre vos parents avec vous, ayant ainsi trois générations sous le même toit. Avoir un budget clair et s'y tenir sera très important.

Si vous n'êtes pas au Canada, tout ce qui a été discuté s'applique toujours à vous :

• Avez-vous vos documents légaux en place ?
• Avez-vous une assurance ?
• Avez-vous discuté de l'argent avec votre conjoint ?
• Connaissez-vous vos droits en cas de séparation ?
• Envisagez-vous d'investir dans l'immobilier ?
• La génération sandwich est très courante dans d'autres pays également. Comment allez-vous faire face financièrement ?

Augmenter vos revenus.

Vous pouvez certainement accumuler de la richesse en réduisant vos dépenses autant que possible et en épargnant/investissant la différence.

Cependant, pour certains, réduire les dépenses supplémentaires ne laisse toujours pas d'argent à la fin du mois. Pour certains, ces dépenses étaient sur des cartes de crédit. Si vos dépenses mensuelles ne sont pas toutes couvertes par vos revenus, la première étape est d'augmenter les revenus.

Il existe de nombreuses façons d'augmenter les revenus, allant d'un emploi à temps partiel à une entreprise en ligne.

Nous savons tous que parfois, pour obtenir une augmentation de salaire, il faut être prêt à travailler pour un concurrent. Votre expérience pourrait éventuellement valoir beaucoup plus pour une autre entreprise. Le salaire n'est pas la seule raison de changer d'emploi. Les politiques et cultures de l'entreprise, les avantages, les jours de congé sont des éléments à considérer.

Quelle que soit la manière dont vous souhaitez augmenter vos revenus, vous devez d'abord vous assurer d'avoir un plan en place. Sinon, lorsque vous augmentez vos revenus, vous augmenterez également vos dépenses. (Comme expliqué dans la théorie « towel theory » d'Oprah. Plus nous gagnons d'argent, plus nous dépensons. Améliorer la voiture ou la maison. Si votre salaire augmente, ne déménagez pas, n'améliorez pas votre voiture.)

Une mère au foyer que j'ai rencontrée a commencé à travailler pour une entreprise MLM (multi-level-marketing, ou le **La commercialisation à paliers multiples)** vendant du maquillage. Elle est passée de zéro revenu à un revenu de 3000 $ par mois rapidement. Elle n'avait ni conseiller, ni comptable, ni véritable plan.

Que s'est-il passé ? Des virées shopping, des déjeuners avec des amies, un nouveau téléphone portable, une nouvelle voiture coûteuse, tout ce que vous pouvez imaginer.

À l'heure des impôts, elle n'avait aucune épargne pour payer ses impôts sur le revenu. Si elle avait eu un conseiller dans sa vie, celui-ci lui aurait dit d'économiser un pourcentage de ce revenu et aurait commencé un plan pour elle. Idéalement 30%. (mais il faut consulter pour avoir les vrais chiffres).

Si vous planifiez dès le départ et que vous êtes têtue à ce sujet, vous pourrez économiser et investir lorsque votre salaire augmentera.

Augmenter vos revenus, par où commencer ?

• Y a-t-il des postes au sein de votre entreprise actuelle qui vous paieraient plus ?

• Y a-t-il une entreprise concurrente qui vous paierait plus ? (Parfois les nouvelles recrues ont au moins 5 à 25 % de salaire en plus que quelqu'un qui est là depuis 20 ans.)

• Y a-t-il des postes qui vous paieraient le même montant pour 4 jours au lieu de 5 ? (ce n'est pas une augmentation de salaire, mais cela vous permettrait d'avoir un jour pour travailler sur vos autres projets)

• Si votre salaire est bas, y a-t-il des cours que vous pourriez suivre pour augmenter vos opportunités de carrière ?

• Avez-vous des talents ?

• Voulez-vous développer des talents ?

• Y a-t-il des entreprises que vous aimeriez avoir, mais pour lesquelles vous n'avez pas le talent nécessaire ? Par exemple, un assistant virtuel, mais vous êtes perdu en ce qui concerne PowerPoint et Excel ?

• Si votre idée d'entreprise est folle et que vous ne savez pas par où commencer, avez-vous un groupe d'entrepreneurs avec qui vous discutez et partagez des idées ?

• Si vous avez une idée d'entreprise, mais que vous ne savez pas par où commencer, la première chose à faire est de vérifier dans votre région s'il existe des subventions ou des programmes gouvernementaux.

• Ne vous lancez pas dans ce MLM parce que votre ami semble y avoir du succès.

• Ne vous laissez pas entraîner dans une "idée d'entreprise" avec un ami qui vous contacte parce qu'il pense que vous avez de l'argent de côté.

- Êtes-vous un expert dans votre domaine ? Si oui, il existe de nombreuses façons de gagner de l'argent grâce à cela.
  - o Écrire des livres
  - o Collaborer avec d'autres professionnels pour écrire des livres
  - o Blogs et vlogs (créer ou participer à ceux des autres)
  - o Podcasts (créer ou participer)
  - o Écrire des articles pour d'autres
  - o Consultez WeWork, Fiver ou d'autres plateformes qui embauchent des experts.
- Êtes-vous créatif ?
  - o Même chose que ci-dessus, Fiver et d'autres plateformes embauchent des artistes pour des logos et des illustrations.
- Avez-vous un MLM ?
  - o Pouvez-vous **obtenir** une *downline* ?
  - o Pouvez-vous **motiver** votre *downline* ?
  - o Pouvez-vous **GARDER** votre *downline* ?
  - o Faites-vous les choses différemment des autres, ce qui encouragerait les autres à vous rejoindre et non le prochain « hit » ?
  - o (plus sur le MLM à partir du chapitre 18)

Comme ce n'est pas un livre sur les "idées d'affaires", je ne vais pas entrer dans les détails sur les entreprises à démarrer, comment obtenir des financements, rechercher des subventions, comment embaucher des personnes et comment gérer la paie. C'est un livre complètement différent. Ce que je peux vous dire, c'est que si vous décidez de commencer quelque chose, gardez un budget en place.

Un ami à moi, qui a des économies, voulait créer une entreprise de bien-être. Elle m'a demandé des conseils, voici quelques astuces que je lui ai données :

• Pourquoi utiliser votre propre argent pour lancer votre entreprise ?

• NE PAS UTILISER VOTRE PROPRE ARGENT. (Dans la plupart des cas, il est préférable de conserver vos économies et d'utiliser l'argent de la banque. Cela nécessite une consultation)

• Si vous utilisez votre propre argent pour lancer l'entreprise, comment allez-vous survivre financièrement si l'entreprise ne décolle pas la première année ?

• Les banques ne prêtent pas d'argent aux personnes en difficulté financière.

• Tant que votre cote de crédit est élevée et que vous avez des économies, c'est le moment où la banque vous accordera un prêt, pas lorsque vous avez été ouvert pendant 2 ans, que vous êtes en faillite et que vous avez épuisé toutes vos économies.

• Faites un plan d'affaires DÉTAILLÉ.

• Soyez obstiné pour maintenir les coûts bas. Par exemple, si vous ouvrez un café, vous n'avez PAS besoin d'acheter du matériel neuf. Créer une entreprise est amusant, et obtenir un prêt bancaire est encore mieux. MAIS soyez intelligent avec chaque dollar.

• Si vous ne touchez pas à vos économies ou investissements, cela signifie que vous construisez personnellement votre richesse, tandis que votre entreprise démarre et se développe.

• Si votre entreprise est *constituée en société*, les actifs et les dettes sont séparés du personnel (sauf si la banque vous a fait signer un document garantissant personnellement le prêt).

- Je le vois tout le temps, des gens qui utilisent leur argent de retraite pour lancer leur entreprise de rêve. Ne faites pas ça. Une femme que je connais a dépensé tout son argent dans un restaurant. TOUT son argent. Elle a fermé le restaurant en moins de 6 mois. Elle a dû déclarer faillite et retourner à un travail médiocre. Tout son argent de retraite était parti. Imaginez perdre toute la richesse que vous avez accumulée en travaillant dans un travail médiocre, pour tout perdre en quelques mois d'entrepreneuriat.
- J'entends aussi tout le temps des histoires de membres de la famille qui se font aspirer à "investir" de l'argent dans une entreprise qu'un proche a lancée. "Il travaille dans ce domaine depuis 30 ans, il savait ce qu'il faisait". Pourquoi a-t-il demandé de l'argent aux membres de sa famille ? Probablement parce que la banque ne pensait pas que c'était une bonne idée.
- Ne donnez pas vos économies à des personnes qui démarrent une entreprise. Vos propres économies ne doivent pas être touchées, pour aucune "opportunité unique dans une vie".
- Ne discutez pas d'argent avec les gens. Ne leur dites pas que votre hypothèque est remboursée. Vous n'avez aucune idée du nombre de personnes qui cherchent des investisseurs pour leur prochaine *grande idée*.
- La plupart des arnaques commencent par une personne « avec du succès » conduisant une voiture de luxe. Restez à l'écart.

Il faut dépenser de l'argent pour en gagner :

je déteste cette expression.

Si vous n'êtes pas au Canada :

Si vous êtes aux États-Unis, il y a des opportunités pour gagner de l'argent. Il y a certaines réglementations commerciales strictes que nous avons au Canada qui ne semblent pas être aussi strictes aux États-Unis.

Pour les autres pays : notez les opportunités que vous avez qui n'ont pas été mentionnées ci-dessus. Assurez-vous de comprendre tous les coûts avant de vous engager.

Chapitre dix-huit. Comprendre le marketing de réseau (MLM)

Commercialisation à paliers multiples.

Ou , pour certain: la vente pyramidale.

Quelqu'un que je connais a décidé de se lancer dans le MLM. Elle a décidé de s'investir à fond.

• Elle a engagé un "coach personnel" qui lui a coûté 6000 $ pour 4 mois.

• Elle a payé un "expert en marketing" 800 $ par mois pour s'occuper de ses réseaux sociaux.

• Elle a payé un assistant virtuel pour organiser les choses pour elle.

• Elle a acheté un nouvel ordinateur portable, du matériel vidéo, y compris ces lampes circulaires sophistiquées.

• Un microphone sophistiqué parce qu'elle voulait avoir l'air professionnelle en faisant des vidéos sur Instagram.

• Elle a rejoint un groupe de réseautage très coûteux (je parle de milliers de dollars par an).

• Ses dépenses étaient de plusieurs dizaines de milliers de dollars, et elle avait généré moins de 3 000 $ de revenus cette année-là.

• Elle a décidé de se concentrer sur sa carrière et de garder ce MLM en parallèle.

• Malheureusement, des histoires comme celle-ci arrivent TOUT le temps !

Décider de s'investir à fond est génial. Malheureusement, certaines personnes jettent de l'argent dans quelque chose, mais ne mettent pas l'effort nécessaire. Acheter un microphone sophistiqué ne vous aidera pas à surmonter votre peur de parler en public si vous ne prenez pas le temps de développer votre confiance en vous.

Comprendre le MLM. Le MLM (« multi-level-marketing, la commercialisation à paliers multiples) est facile à comprendre. Vous gagnez de l'argent en vendant des produits, mais vous gagnez également de l'argent en ayant des personnes dans votre réseau qui vendent les produits.

Certaines personnes l'appellent une pyramide. Les systèmes pyramidaux sont illégaux. Un MLM, la plupart d'entre eux en tout cas, sont légitimes. Ce qui le rend légal, c'est que vous pouvez rejoindre aujourd'hui et avoir la même opportunité de gagner autant d'argent que la personne qui a commencé il y a des années.

NE rejoignez PAS parce que votre ami le fait paraître amusant et facile. L'une des principales raisons de rejoindre est parce que vous aimez et utilisez le produit vous-même.

Posez des questions avant de rejoindre comme :
• Devez-vous garder un inventaire ?
• Quel est le coût pour rejoindre ?
• Y a-t-il un montant minimum de vente par an pour conserver votre statut ?
• Y a-t-il un coût annuel pour rester agent ?
• Y a-t-il d'autres coûts, comme avoir un site web ?
• À quelle fréquence êtes-vous payé ?
• Dans quelle devise êtes-vous payé ?
• Quels sont les frais d'expédition ?
• Quelle est votre rabais sur les produits ?
• La plateforme fournit-elle des rapports, en particulier des rapports à utiliser lors de la déclaration fiscale ?
• Quelles sont les récompenses ?
• Les clients ont-ils une réduction de fidélité ?
• Les clients doivent-ils acheter un minimum chaque mois ?

Chapitre dix-neuf. Construire lentement.

Vous pouvez gagner de l'argent avec un MLM, et vous pouvez gagner de l'argent avec tout type d'entreprise à domicile. Mes recommandations sont :

• Commencez lentement.

• Si vous lancez une entreprise à domicile, renseignez-vous d'abord sur les règlements municipaux concernant les entreprises à domicile.

• Vérifiez si vous devez informer votre fournisseur d'assurance habitation et obtenir une assurance pour vos clients qui viennent chez vous.

• Vérifiez avec votre assurance automobile, surtout si vous avez un inventaire dans votre voiture.

• Consultez votre agent d'assurance pour savoir si vous devez obtenir une assurance pour organiser des événements.

• Vérifiez si vous avez besoin d'une licence spéciale, surtout si vous envisagez de préparer des aliments chez vous.

• Si vous lancez un MLM, commencez avec quelques produits ou un petit inventaire.

• Beaucoup de gens gardent leur emploi à temps plein et font cela en parallèle.

• Assurez-vous de comprendre toutes les dépenses et quel sera le budget mensuel pour cela.

Ne vous attendez pas à ce que votre famille et vos amis soient vos principaux soutiens.

• Construisez-vous une communauté et un groupe de réseautage.

 • Ne vous comportez pas comme un *vendeur d'aspirateurs* des années 80.

Le plus grand piège dans le MLM est que de nombreuses femmes dépensent BEAUCOUP d'argent en inventaire, catalogues et autres articles, et continuent de le faire, sans avoir les ventes correspondantes.

Chapitre vingt.
S'engager à un seul.

Bon, nous avons tous entendu des histoires d'un grand chef qui a ouvert un restaurant, et qui a échoué en quelques mois. Pas parce qu'il n'était pas un grand chef, mais parce qu'il était un chef qui n'avait aucune idée de comment gérer une entreprise. Vous pourriez penser que ce sont les types d'histoires les plus courantes d'entreprises en faillite. Ce que j'ai vu le plus souvent, ce sont des personnes qui ont le « **shiny object syndrome** » ... qui se traduit à *syndrome de l'objet brillant*?

- Commencer quelque chose,
- Voir combien d'efforts cela demande,
- Perdre de l'intérêt,
- Trouver un nouvel objet brillant.

Ce que nous voyons aussi souvent, c'est quelqu'un qui fait plusieurs choses à la fois, mais qui n'est expert en aucune d'elles. *L'entrepreneuriat en série* semble cool, mais ce n'est pas le cas. Construire une entreprise, puis la vendre pour en démarrer une autre, est une excellente description de l'entrepreneur en série d'hier.

J'ai rencontré une femme qui fait tellement de choses à la fois que j'ai perdu le compte. Je pense que ce sont ses entreprises actuelles : (l'exemple est légèrement modifié, car je ne connais pas vraiment quelqu'un qui fait tout cela, mais vous comprenez l'idée)

- Elle crée des sites web.
- Elle conçoit des logos.
- Elle est vloggeuse sur YouTube et elle fait de la numérologie.
- Elle fabrique des savons.
- Elle vend des bijoux avec une entreprise de MLM.
- Elle est photographe de mariage.

Croyez-moi, elle n'est experte en *rien* de tout cela. Ses sites web sont les plus basiques, ses logos ressemblent à ceux des années 1980, ses savons sont corrects, et ses photos de mariage sont pires que celles que nous pouvons prendre avec nos iPhones. Lorsqu'elle fait du réseautage, elle dit aux gens qu'elle fait tout cela. Je n'engagerais jamais quelqu'un qui ne travaille pas constamment sur ses compétences. Vous n'engageriez pas un électricien qui s'aventure également dans cinq autres domaines complètement différents.

Si vous ne vivez pas au Canada, faites une liste de moyens pour augmenter vos revenus.

- Y a-t-il des MLM dans votre pays que vous souhaitez essayer ?
- Y a-t-il des entreprises à domicile que vous pourriez démarrer ?
- Combien d'argent pouvez-vous vous permettre de dépenser pour cela ?
- Combien de temps avez-vous par semaine ou par mois à y consacrer?

Méfiez-vous des arnaques

Je dis toujours aux gens ceci :

Un marché boursier qui baisse de 20 % n'est pas votre plus grand risque. Certaines choses à craindre sont déjà couvertes dans ce livre : vous pouvez tomber malade, vous pourriez avoir la charge financière d'autres proches, votre conjoint peut décéder, votre partenaire commercial peut décéder. L'une des façons de perdre de l'argent rapidement est d'être *victime d'une fraude.*

Chapitre vingt-et-un. Arnaque courante dans le coaching.

Je ne parle certainement pas des coachs, de l'argent qu'ils facturent et de leur efficacité. Je parle d'une arnaque de coaching dont j'ai entendu parler il y a quelques années.

Voici l'arnaque :
- Un coach personnel vous approche et vous propose un programme qui coûtait autrefois 50 000 $, et qui est maintenant seulement 15 000 $.
- Le coach fait attention à la facilité avec laquelle vous pouvez vous le permettre.
- Une fois que vous vous inscrivez et payez, le coach vous invite à rencontrer son excellent conseiller financier, qui obtient des rendements énormes pour lui.
- Le conseiller n'a aucune accréditation officielle.
- Vous transférez vos comptes au nouveau conseiller, et finissez par tout perdre, et ne plus jamais entendre parler d'eux.

La raison pour laquelle cela fonctionne, c'est parce que l'escroc a des « coachs » qui vérifient la richesse des clients.
Les gens sont plus enclins à écouter un tiers et sont motivés par les excellents rendements qu'ils obtiennent.

La façon de vous protéger est :

- Ne dites jamais aux gens combien d'argent vous avez, sauf si la personne est un professionnel qui a besoin de le savoir.
- Ne dites jamais aux gens votre salaire et que vous avez fini de payer votre hypothèque.

- Chaque conseiller financier a des licences, et vous pouvez vérifier sur leur site web réglementaire. (Vérifiez dans Google et demandez autour de vous)
- Soyez conscient que parfois nos noms peuvent être orthographiés un peu différemment sur le site web de l'organisme de réglementation, comme le mien. Nos noms sont inscrits tels qu'ils sont écrits sur notre certificat de naissance.

Chapitre vingt-deux.

Gonfler et jeter. (le pump-and dump)

C'est quelque chose que j'ai vécu personnellement, et j'étais le *lanceur d'alerte,* (*whistleblower)* . J'ai été mal traitée pour cela, (même si les firmes disent qu'ils protègent les gens dans cette situation) ...*mais je le referais sans hésiter.*

Voici comment la plupart des *Pump & Dumps* sont réalisés :

- Achetez des actions d'une entreprise privée avant qu'elle ne soit introduite en bourse, par exemple, un million d'actions à 10 cents.
- Convaincre un conseiller dans une autre entreprise de faire de même.
- Convaincre le directeur de l'autre entreprise de faire de même, et il se trouve que ce directeur est le père de votre associé.
- Convaincre votre associé d'acheter également.
- Convaincre votre père et votre frère de faire de même.
- Convaincre un autre conseiller dans votre propre entreprise que cette action leur rapportera des millions.
- Lorsqu'elle est introduite sur le marché, vous l'achetez pour TOUS vos clients.
  - Vous vendez TOUT ce qu'ils ont dans leur compte et vous achetez cette action à bas prix.
- Chaque matin, vous et les conseillers de l'autre entreprise discutez de l'augmentation du prix, et vous semblez avoir des informations privilégiées.
- Vous dites à vos clients de ne pas s'inquiéter, car des nouvelles vont bientôt sortir et le prix va fortement augmenter.
- Vous dites à certains clients que si cela s'effondre, vous les rembourserez.
- Une fois que vous avez acheté pour chaque client que vous avez et que l'autre conseiller a fait la même chose, vous essayez d'obtenir plus de conseillers pour acheter.
- Une fois que vous avez cessé d'acheter pour vos clients, le prix commence à baisser.
- Avant même de penser à vendre, assurez-vous que personne n'a découvert votre stratagème et ne vous dénonce.

- Vendez vos millions d'actions pour environ 1 million de dollars, le prix est maintenant à 1 dollar, et vous avez un million d'actions. Vous avez un gain en capital de 900 000 $.
- Le prix chute, et vos clients ont tout perdu, mais vous vous en fichez.
- C'est le *PUMP and DUMP* en entier.
    - **Achat** - tu achètes pour toi
    - « **Pump** » - tu fais augmenter le prix, sois toi-même parce que tu es un conseiller, ou tu connais un conseiller.
    - « **Dump** » - pendant que le prix est haut et que tu as fait une fortune.

Bien sûr, je nie que cela, exactement comme écrit, se soit produit dans la réalité.
De plus, les firmes de courtage on maintenant beaucoup plus de conformité et de surveillance, je ne sais pas si quelqu'un pourrait vraiment faire ça aujourd'hui.

La façon de vous protéger est de fuir si votre conseiller semble trop arrogant avec vous et vous dit de lui faire confiance avec une action à un cent. Les actions à un bas prix (Penny stocks) sont spéculatives, et vous ne devriez pas y investir plus de 5 % de vos investissements..

Chapitre Vingt-Trois. Plateformes d'enseignement en ligne.

C'est probablement l'une des arnaques les plus populaires. Voici les détails de l'arnaque :

• Vous êtes approché par quelqu'un qui conduit une voiture très luxueuse et qui semble extrêmement jeune.

 • Ils vous disent qu'ils gagnent entre 30 000 et 100 000 $ par mois en faisant du trading de devises (FX), du trading de crypto-monnaies ou du trading boursier classique.

• Ils ont accès à une plateforme en ligne très cool qui vous apprend à faire tout cela.

• La plateforme d'enseignement vous permet également de faire votre propre trading.

• Vous pouvez y accéder ce mois-ci pour aussi peu que 100 $, mais normalement cela nécessite 1 000 $, et vous devez agir rapidement.

 • On vous dit que déposer et retirer de l'argent est aussi rapide que toute autre transaction bancaire, 2 jours au maximum.

• Ils le font depuis presque un an et sont suffisamment riches pour prendre leur retraite.

• Ils vous invitent à une réunion Zoom, où vous rencontrez beaucoup de millionnaires, qui disent ne faire cela que quelques heures par semaine.

• Vous déposez de l'argent.

• Votre petit investissement croît avec des rendements élevés que vous n'avez jamais vus auparavant, alors vous en parlez à d'autres et vous déposez plus d'argent.

• Cela croît *tellement*, et à une vitesse incroyable, que vous vous excitez et en parlez à encore plus de gens.

 • Au moment où vous voulez retirer votre argent, c'est impossible, et la plateforme s'effondre.

J'ai entendu parler de ce type d'arnaque il y a 30 ans, à l'époque c'était principalement sur le trading de devises, et maintenant la mode est avec les crypto-monnaies.

Une autre arnaque liée aux crypto-monnaies :

La personne vous dit qu'elle :

- Prend vos Bitcoins
- les échange
- vous rend riche
- et vous les rend pour une commission de 2 %.

Vous pouvez deviner, vous ne reverrez jamais ces Bitcoins. Il est impossible que quelqu'un fasse ce type de *business* légalement :

- Les Bitcoins appartiennent à la personne qui les détient dans son « wallet ». Et le wallet prend un mot de passe.
- Le trading de crypto-monnaies a des implications fiscales.
  - Jamais une personne va ajouter des impôts a eux-mêmes, parce qu'ils vous « aide » à augmenter votre richesse.

Avec les crypto-monnaies, ne donnez vos mots de passe à personne, mais notez-les quelque part au cas d'une invalidité ou un décès.

Chapitre Vingt-Quatre.

Prêts personnels.

Certains prêteurs privés sont légitimes.

Ils facturent environ 12 % par an, et si vous manquez un paiement, ils saisissent votre maison. Ils en ont le droit, vous avez signé un contrat qui le stipule. Je ne parle pas de ces prêteurs privés.

Je parle de cette arnaque :

• Ils vous proposent un prêt à 2 %.
• Ils obtiennent toutes vos informations personnelles. Vous leur avez même donné vos informations bancaires parce qu'ils ont dit qu'ils déposeraient l'argent pour vous.
• Ils demandent un dépôt, disons 2500 $ pour commencer le processus.
• Vous n'entendez plus jamais parler d'eux.
• Parfois, ils utilisent vos informations pour une fraude identitaire, mais pas toujours, mais vous perdez 2500 $.

Chapitre Vingt-Cinq. Rendements élevés.

Bien sûr, je ne parle pas de ce conseiller financier arrogant qui prétend toujours avoir les rendements les plus élevés, Je parle de cette arnaque:

• Vous êtes approché par quelqu'un que vous connaissez qui vous dit qu'il n'a jamais gagné autant d'argent.
• Les rendements sont garantis, et ils reçoivent un montant mensuel.
• Avec ce montant, ils peuvent partir en voyage et aller au restaurant comme jamais auparavant.
• Ils viennent de commander une voiture neuve et la reçoivent ce mois-ci.
• Cela semble trop beau pour être vrai, mais vous voyez votre ami avec un nouveau style de vie et vous voulez en faire partie.
• La personne vous dit qu'il s'agit d'un investissement fermé, et qu'il ne reste que quelques places.
• Vous leur donnez vos investissements, vous voyez également des rendements, et vous en parlez à quelqu'un d'autre.
• Ensuite, le conseiller et la société disparaissent, et vous ne revoyez jamais votre argent. Avec toutes les histoires, comme celle de Madoff, j'espère que les gens ne tomberont plus dans ce piège.

De même, il existe une arnaque liée aux REER. L'escroc promet un rendement énorme. Ils vous disent de retirer de votre REER et de leur donner l'argent. (Il y a une conséquence fiscale au retrait de votre REER). Cependant, leur histoire est que les rendements que vous réaliserez seront bien supérieurs à l'implication fiscale (ce qui est définitivement faux).

Chapitre Vingt-Six. Immobilier.

C'est la principale raison pour laquelle vous ne devez PAS dire aux gens que vous avez fini de rembourser votre hypothèque. Il existe deux principaux types de fraude immobilière :

Fraude de titre :

• La personne découvre que vous n'avez plus d'hypothèque.

 • Elle vole votre identité.

• Elle se rend à une banque et demande une hypothèque sur votre maison.

 • Elle vole le titre de votre maison.

 • Au moment où vous vous en rendez compte, vous pourriez ne plus posséder la maison, ou une hypothèque pourrait avoir été contractée contre elle.

Fraude de forclusion :

• La personne découvre que vous avez des problèmes pour effectuer vos paiements hypothécaires.

• Elle vous trompe en vous faisant transférer le titre de propriété en échange d'un prêt.

• Elle obtient le titre de votre part, mais vous ne recevez jamais le prêt.

• Elle pourrait revendre ou refinancer votre maison.

Pour vous protéger contre la fraude immobilière :

• Lorsque vous demandez une hypothèque, faites affaire avec des professionnels de l'hypothèque et de l'immobilier agréés ou accrédités.
• Lisez attentivement tous les documents avant de les signer.
• Gardez vos informations hypothécaires en lieu sûr.
• Déchiquetez les anciens documents plutôt que de les jeter à la poubelle.
• Contactez d'abord votre prêteur hypothécaire si vous avez des difficultés à effectuer vos paiements hypothécaires.
• Consultez votre avocat ou notaire avant de donner à une autre personne le droit de traiter avec votre maison ou d'autres biens.
• Faites des recherches sur toute entreprise ou individu qui vous propose un prêt.
• Effectuez une recherche de titre foncier auprès de votre bureau d'enregistrement foncier provincial ou territorial. Cela montrera le nom du propriétaire de la propriété et toute hypothèque ou privilège enregistré sur le titre.
• Envisagez d'acheter une *assurance de titre* pour vous protéger contre les pertes dues à la fraude de titre.

Chapitre Vingt-Sept. L'arnaque du grand-parent.

Je suis sûr que vous avez entendu parler de l'arnaque des grands-parents.

- Quelqu'un de jeune appelle une personne âgée et prétend être le petit-enfant.
- La personne âgée est très consciente qu'elle pourrait perdre la mémoire et craint d'admettre qu'elle pourrait avoir oublié ce petit-enfant.
- Ils disent qu'ils ont des problèmes, mais qu'ils sont trop embarrassés pour le dire à leurs parents, et ils demandent de ne pas le dire.
- Ils disent qu'ils doivent agir rapidement, car ils sont en prison et ont besoin d'argent immédiatement.
- La personne âgée se précipite pour aller à la banque.

Une autre arnaque visant les personnes âgées :

• Ils suivent les personnes âgées et vulnérables jusqu'à la banque.

• Ils écoutent la conversation que les personnes âgées ont avec le banquier.

• Ils approchent les personnes âgées à l'extérieur avec une histoire triste, comme s'ils étaient des immigrants avec un mal de dents et avaient besoin de 2000 $ pour un traitement, mais comme ils sont nouveaux ici, ils n'ont pas de couverture médicale.

• Ils forcent les personnes âgées à retourner à la banque ou au distributeur automatique.

• La personne âgée pense qu'elle a aidé quelqu'un à payer une facture médicale.

Une autre arnaque courante :

- De très jeunes enfants approchent une personne âgée.
- Ils disent qu'ils ont besoin de quelques courses parce que c'est l'anniversaire de leur mère et qu'ils veulent faire un gâteau.
- La personne âgée accepte de payer pour quelques courses, mais cela s'avère être plus que pour un gâteau.
- Les enfants remercient la personne âgée, mais retournent au magasin et récupèrent l'argent.

Je suis sûr qu'il existe d'autres arnaques que je pourrais mentionner ici. Je connais personnellement des personnes qui ont été victimes de fraude. Il n'est pas toujours facile de les détecter. En cas de doute, contactez quelqu'un dans le domaine financier en qui vous avez confiance.

Discutez avec vos parents de toutes les fraudes en cours, y compris l'appel qui dit que *« vous irez en prison parce que vous devez de l'argent au gouvernement. »*

Si vous ne vivez pas au Canada, vous avez probablement entendu parler des différents types d'arnaques dans votre pays. Le gouvernement a souvent une section sur ses sites web qui alerte ses citoyens sur les arnaques en cours.

Le pouvoir de l'énergie féminine et de la créativité.

Chapitre Vingt-Huit.
Le pouvoir de l'énergie féminine.

Si vous me connaissez personnellement, vous savez que je crois en l'énergie, les médiums, l'astrologie et tout cela. Vous pouvez avoir un côté analytique et créatif. Vous pouvez croire en la science et croire en la spiritualité.

La raison pour laquelle cela a sa place dans un livre sur la richesse 101 pour les femmes entrepreneures, c'est parce que les femmes qui réussissent en affaires et construisent une immense richesse ont souvent compris comment l'énergie masculine et féminine jouent un rôle dans les affaires.

L'énergie masculine concerne :
• Accomplir des tâches
• Atteindre des quotas
• Modélisé par la logique et la raison
• Accumuler des actifs
• Battre la concurrence

L'énergie féminine est :
• Intuitive
• Orientée vers la réceptivité et le soin
• Elles sont dans l'instant présent
• Elles sont équilibrées
• Elles vivent en harmonie
• Elles ont un plus grand sens de l'accomplissement
• Elles aiment faire partie d'une communauté
• Elles peuvent facilement établir des relations
• Puissantes
• Elles ressentent l'invisible
• Aimantes et créatives

Pour construire une entreprise, une carrière, et surtout de la richesse, les femmes doivent être en harmonie avec l'énergie masculine et féminine.

J'ai vu des femmes tellement dans l'énergie masculine qu'elles repoussent toutes les amitiés féminines. Il est difficile de réussir dans le *MLM* si vous ne pouvez pas établir des relations affectueuses. J'ai également vu des femmes tellement dans leur énergie féminine qu'elles n'atteignent aucun des objectifs financiers qu'elles se sont fixées.

Comprendre que vous avez besoin des deux énergies pour vous apporter le succès financier que vous méritez est la clé.

- Avec votre énergie masculine, vous pouvez négocier un salaire plus élevé et être motivée pour atteindre des objectifs financiers spécifiques.
- Avec votre énergie féminine, vous construirez des relations qui nourriront votre entreprise et vous aurez des idées créatives qui différencieront votre entreprise des autres.

J'ai parlé à une amie à plusieurs reprises de l'énergie féminine et je voulais obtenir une citation d'elle. Je lui ai posé la question suivante :

Comment l'énergie féminine aide-t-elle à construire la richesse ?

Lorsque vous choisissez de vous honorer, de vivre pleinement et d'écouter votre intuition féminine, c'est alors que le flux d'abondance commence véritablement à se manifester.

Sonya Sun Heart. Propriétaire de Studio Regeneration.

Comment construire et conserver la richesse.

Chapitre Vingt-Neuf.
Allocation d'actifs.

Nous rencontrons souvent des personnes qui veulent tout faire elles-mêmes, y compris gérer leurs propres investissements. Ce n'est pas quelque chose que je recommande, et si j'étais occupée dans une autre carrière, je ne le ferais pas moi-même. Vous pourriez SAVOIR comment le faire, mais voulez-vous vraiment passer du temps à tout gérer ?

Si votre réponse est oui, et que vous avez lu tout ce livre, et que vous voulez toujours tout faire par vous-même, il y a quelque chose que vous DEVEZ vraiment comprendre, et c'est l'allocation d'actifs.

L'allocation d'actifs est :
• une manière d'investir vos trois principales catégories d'actifs :
 o Actions
o Revenu fixe
o Liquidités
• L'immobilier, les cryptomonnaies ou même l'art, ne font pas partie de ces catégories principales. Certains les appellent des actifs spéculatifs ou alternatifs.
• Nous décidons normalement des pourcentages des trois catégories en fonction de quelques facteurs :
  o   Votre objectif principal
  o   Votre tolérance au risque
  o   L'horizon temporel
• Vous pouvez deviner que si l'objectif de quelqu'un est de réaliser un bon rendement, il investira différemment de quelqu'un dont le seul objectif est de NE PAS perdre d'argent.
• Vous pouvez également deviner que quelqu'un qui a un horizon court, par exemple, sa retraite dans 5 ans, investira différemment de quelqu'un qui prend sa retraite dans 30 ans.

- Une fois que vous connaissez l'objectif, la tolérance au risque et l'horizon, vous pouvez élaborer une allocation d'actifs qui convient :
  - Une allocation d'actifs avec 20 % de liquidités, 60 % de revenu fixe et 20 % d'actions : vous pouvez deviner qu'il s'agit d'un portefeuille conservateur. (puisqu'il y a seulement 20% en action).
  - Une allocation d'actifs avec 5 % de liquidités, 15 % de revenu fixe et 80 % d'actions est un portefeuille de croissance.
  - Une allocation d'actifs avec 50 % d'actions et 50 % de revenu fixe est un portefeuille équilibré.

Le *timing du marché* et le trading journalier ne sont PAS ce qui apportera du succès à votre portefeuille. Plus de 96 % du succès sera dû à l'allocation d'actifs. Si vous voulez faire vos propres transactions et pensez que vous allez être 100 % conservateur parce que vous craignez le marché, alors vous n'avez pas saisi l'essentiel et ne devriez même pas investir dans le marché boursier.

La *moyenne* d'un rendement :
  - Un portefeuille conservateur : 2 %
  - Un portefeuille équilibré : 4 à 6 %
  - Un portefeuille de croissance : 8 à 12 %
Ces rendements ne sont jamais garantis.

Ce que nous voyons souvent aussi, ce sont des personnes qui achètent une action sur la base d'un conseil d'un ami. L'ami vous dira-t-il quand il est temps de vendre ? Nous avons des outils, des alarmes et des analystes qui sont là pour nous dire quand vendre, qui vous le dira ?

Vous pouvez continuer à faire vos propres transactions si vous obtenez constamment de bons rendements. Gardez à l'esprit que seulement 15% des personnes fortunées ont construit leur richesse sans l'aide d'un conseiller.

Chapitre Trente. Le nombre magique 4.

Vous avez construit une richesse et vous êtes sur le point de prendre votre retraite. Combien retirez-vous sans liquider votre portefeuille avant votre décès ? Si l'objectif est d'avoir de l'argent jusqu'à votre décès, le chiffre magique est de 4 %.

Si vous souhaitez laisser de l'argent à vos bénéficiaires après votre décès, vous devriez retirer 2 ou 3 % de votre argent ou de vos investissements par an.

Eh bien, c'était 4 % lorsque j'étudiais tous mes cours. C'est lorsque l'inflation était maintenue à environ 2 %. Je pense que vous comprendrez d'où vient le 4 % :

Disons que vous avez un portefeuille qui a pour objectif la croissance.
• Réalise un rendement stable de 8 %
• L'inflation est de 2 %
• Vous retirez 4 %
• Cela laisse 2 % dans le portefeuille pour continuer à croître.

Lorsqu'il est temps de retirer de l'argent de votre portefeuille :

Nous pouvons vous demander combien vous avez BESOIN pour survivre. Ou si vous avez accumulé suffisamment de richesse, nous pouvons vous dire combien d'argent vous pouvez retirer par an. (Encore une fois, le chiffre magique était de 4 %) C'est un calcul. Nos calculs sont plus difficiles à faire lorsque l'inflation n'est pas stable. Si vous avez établi un plan financier alors que l'inflation était extrêmement élevée, refaites votre plan une fois que l'inflation baisse.

Un autre exemple :

• Vous avez un portefeuille équilibré qui génère un rendement stable de 5 %.
• L'inflation est de 2 %.
• Nous vous conseillerons de retirer seulement 1 %.
• Laissez 2 % dans le portefeuille pour lui permettre de croître.
• Si vous nous dites que 1 % n'est pas suffisant : nous pouvons soit augmenter le risque de votre portefeuille, soit vous n'aurez probablement pas assez d'argent dans le portefeuille jusqu'à votre décès.

Si vous n'êtes pas au Canada : peu importe que vous soyez au Canada ou ailleurs, les statistiques sont probablement les mêmes. Les individus les plus riches s'entourent de professionnels. La mentalité « je suis capable seule », (DIY en anglais) est une mentalité de pauvre.

Sommaire :

Si vous voulez construire de la richesse et ignorer les autres choses dans ce livre, votre plus grand risque n'est pas une crise boursière. Si vous voulez construire ET protéger votre richesse en cours de route, vous devez :

o Obtenir un testament et un mandat pour vous et votre conjoint.

o Obtenir une assurance vie, invalidité et maladies graves.

o Avoir ces discussions difficiles avec vos parents et frères et sœurs.

o Suivre un budget, idéalement avec la règle 50-30-30. Plus vous gagnez d'argent, le ratio reste le même, ce sera le montant $$ qui augmentera.

o Connaître tous vos chiffres.

o Assurez-vous de comprendre vos droits en cas de séparation et de divorce.

o Assurez-vous de comprendre vos couvertures au travail et obtenez une couverture si vous êtes entrepreneur.

o Ne dépensez pas trop pour démarrer une entreprise.

o Toute personne qui entre en affaires avec vous doit également avoir ses affaires en ordre.

o Une entreprise avec un partenaire a besoin d'une convention entre actionnaires.

o Ne prêtez pas d'argent aux gens.

o N'écoutez pas les personnes qui ont une "opportunité d'affaires pour vous".

o Si vous voulez faire vos propres investissements, comprenez l'allocation d'actifs , surtout.

Si vous êtes entrepreneur :

o mettre en place des mesures pour vous protéger est encore plus important que pour quelqu'un qui bénéficie du filet de sécurité d'un employeur et d'un plan collectif.

o Si votre budget est limité, commencez par une chose et développez à partir de là. Une chose à considérer est l'assurance invalidité (certaines personnes l'appellent une assurance salaire).

o Comme vous ne constituez pas de pension avec votre travail, assurez-vous d'épargner suffisamment.

Fin

Notes

Notes

Notes